MÁS QUE
RESILIENCIA

Estrategias Prácticas Para Elevar Los Estándares Del Cuidado Infantil Y Transformar la Educación Temprana

(incluye herramientas y recursos para iniciar tu guardería)

I0111241

DINA GONZALEZ

Prólogo por **Ovidilio Vásquez**, Conferencista

Más Que Resiliencia

DINA GONZALEZ

Prólogo por Ovidilio Vásquez,
Conferencista en Liderazgo

Copyright © 2026 Dina Gonzalez

All rights reserved. Todos los derechos reservados.

ISBN: 978-0-9996121-7-0

PRÓLOGO

El día que conocí a Dina, pude sentir que tiene un gran corazón por su profesión, es su propósito de vida. Es un honor poder ayudarle con su sueño de hacer este libro una realidad. Este libro es la clave para criar jóvenes exitosos desde una temprana edad. Crecí sin padre. Crecí en el campo, en Guatemala. Aprendí temprano sobre responsabilidad. Aprendí sin discursos.

Más tarde estudié negocios. Terminé una carrera en dos años. Trabajé en Apple. Luego en Tesla. Después en Salesforce y Uber. Aprendí algo claro. El rendimiento sostenido nace de valores. No de títulos. No de discursos. Por eso este libro importa.

Este no es un libro emocional. Es un libro funcional. Habla de estándares. Habla de estructura. Habla de decisiones diarias. Dina Gonzalez no escribe desde teoría. Escribe desde consecuencias de su experiencia vivida. Desde errores reales. Desde responsabilidad asumida.

Si lideras un equipo, este libro te habla. Si cuidas niños, este libro te reta. Si eres padre o madre, este libro te confronta, pero te educa.
Aquí vas a encontrar principios claros. No promesas. No atajos.

Vas a leer sobre orden. Sobre contratos. Sobre límites. Sobre consistencia.

Eso también es liderazgo.

Un niño aprende liderazgo antes de aprender palabras. Lo aprende en casa. Lo aprende en la guardería. Lo aprende del adulto frente a él.

Los datos son claros. La primera infancia define resultados a largo plazo. Salud. Educación. Conducta. Invertir temprano reduce costos después. Menos fracaso escolar. Menos violencia. Más estabilidad. Eso no es ideología. Es evidencia.

Dina conecta eso con práctica diaria. Con reglas claras. Con decisiones firmes. Con humanidad. Este libro no busca agradar. Busca ordenar.

Si aplicas lo que lees aquí, tu entorno cambia. Cambia tu programa. Cambia tu equipo. Cambian los niños.

Eso es liderazgo real. Acción alineada con valores. Lee con atención. Aplica sin excusas. Evalúa tus resultados.

Eso distingue a quien lidera de quien solo ocupa un puesto.

Convenientemente, este libro tiene letras grandes para que sea mucho más fácil beneficiarse de su contenido. Las ilustraciones están en blanco y negro para que puedas colorearlos con tu persona preferida.

Te deseo salud, éxito y significancia.

OVIDILIO VÁSQUEZ
Conferencista y fundador de OVinspires.com
Certificado en Salud Mental por Harvard Medical School

SOBRE LA AUTORA

Dina Gonzalez no aprendió sobre educación infantil en un aula primero: la aprendió sobreviviendo. Nacida en El Salvador en medio de la guerra civil, la pobreza y la inestabilidad emocional, Dina vivió en carne propia lo que sucede cuando un niño crece sin estructura, sin nutrición adecuada y sin seguridad emocional. Esa experiencia no la quebró: la convirtió en una de las voces más sólidas y conscientes en el campo del cuidado infantil y la educación temprana. Con más de 28 años de experiencia directa trabajando con niños, familias, maestras, directoras y proveedoras de cuidado infantil, Dina Gonzalez es hoy especialista en desarrollo infantil, liderazgo educativo y profesionalización del cuidado infantil en el hogar y en centros.

Ha trabajado como maestra, supervisora, directora, coach de calidad y entrenadora, acompañando a cientos de proveedoras y programas a elevar sus estándares sin perder la humanidad. Dina posee credenciales activas de supervisora y directora en el estado de California, y ha trabajado bajo Título 22 y Título 5, con profundo conocimiento de licenciamiento, regulaciones estatales, subsidios, programas de calidad, DRDPs *(Results Developmental Profile developed by the California Department of Education)*, liderazgo administrativo y operación de guarderías sostenibles. Su enfoque combina estructura legal, claridad administrativa y sensibilidad emocional, algo poco común en el sector.

Pero lo que realmente distingue a Dina Gonzalez no son solo sus credenciales, sino su capacidad de traducir sistemas complejos en estrategias prácticas, especialmente para familias inmigrantes, madres trabajadoras y proveedoras de habla hispana. Dina no enseña desde el privilegio; enseña desde la experiencia real: abrir una guardería desde cero, trabajar sin paga mientras llegan fondos, sostener familias en crisis, criar hijos en medio de violencia doméstica y aun así construir estabilidad.

A lo largo de su carrera, Dina ha: Capacitado y mentorado a proveedoras de cuidado infantil en el hogar y centros educativos. Entrenado en estándares de calidad, contratos, manuales, liderazgo y organización. Acompañado programas de Quality Counts / QRIS como coach. Apoyado a familias en procesos emocionales, educativos y comunitarios. Diseñado ambientes de aprendizaje seguros, estructurados y culturalmente sensibles Elevado la calidad del cuidado infantil sin excluir ni deshumanizar

Este libro, Más que resiliencia, no es teoría ni motivación vacía. Es un manual vivo, nacido de la experiencia, que ofrece estrategias prácticas, herramientas reales y claridad para quienes desean:

Criar hijos emocionalmente sanos. Trabajar con niños desde la conciencia y la estructura. Abrir o mejorar una guardería con estándares profesionales. Liderar programas educativos con respeto, firmeza y humanidad

Hoy, Dina Gonzalez continúa su misión formando, entrenando y acompañando a padres, educadores y proveedoras que desean romper ciclos, elevar estándares y transformar la educación temprana desde la raíz. Porque para Dina, el cuidado infantil no es solo un trabajo. Es prevención, justicia social y amor con estructura.

TABLA DE CONTENIDOS

(hoja de respeto)

1

Nacida entre tiempos de guerra

Mi nombre es Dina Gonzalez. Soy de El Salvador y nací el 18 de septiembre de 1977. Mi madre también se llama Dina Gonzalez. Yo fui su primera hija, y ella me tuvo a los 31 años. En ese tiempo, muchas personas se burlaban de ella porque ya tenía más de 30 años y no se había casado. Ser madre a esa edad no era bien visto, y desde el principio tuvo que cargar con esas críticas.

Aun así, mi mamá pensaba que podía cuidarme desde su vientre y que podía ser una buena madre. Ella creía que el amor era suficiente. Sin embargo, el problema no fue su edad. El verdadero problema fue que vivíamos en un país marcado por la guerra civil, donde los ricos luchaban contra los pobres, y muchas familias, como la nuestra, no tenían el conocimiento ni los recursos para salir adelante.

Mi historia comienza en medio de ese tiempo difícil, en un país lleno de miedo, carencias y lucha, pero también de madres que, como la mía, hicieron lo mejor que pudieron con lo poco que tenían.

Mi madre no pudo recibir el cuidado prenatal durante los nueve meses de embarazo. No tuvo acceso a una buena alimentación ni a las vitaminas que una mujer necesita, como el hierro, ni pudo asistir regularmente a sus visitas con el doctor. Durante su embarazo conmigo, no contó con todo lo necesario para cuidarse bien.

Cuando llegó el momento del parto, a las 42 semanas, yo nací como una niña prematura. Fue muy difícil, porque cuando nací ya era demasiado tarde para regresar el tiempo y corregir la falta de cuidado durante todo el embarazo. Lo que no se pudo hacer antes ya no tenía remedio.

Nací en el hospital general de Santa Tecla, el único hospital que existía en ese momento en la ciudad. Era un hospital con muy pocos recursos, sostenido por el gobierno, donde atendían gratuitamente a las personas que no tenían seguro médico ni dinero para pagar atención privada. Allí fue donde vine al mundo.

Al nacer, yo pesaba apenas entre tres y cuatro libras. Estaba muy desnutrida y no tenía las vitaminas necesarias para un desarrollo normal. Por esa razón, tuvieron que alimentarme con suero y cuidarme de cerca para que pudiera subir de peso y sobrevivir.

Mi llegada a este mundo fue frágil y llena de dificultades, marcada por la pobreza, la falta de recursos y un país golpeado por la guerra. Aun así, fue el comienzo de mi historia y de una lucha por vivir desde el primer día.

"Yo no nací con ventajas; nací con carencias. Pero sobrevivir desde el vientre me enseñó que la infancia no necesita perfección: necesita protección."
—*Dina Gonzalez*

Lamentablemente, mi madre tuvo que irse y me dejó allí, como abandonada, una niña de apenas tres libras, tratando de sobrevivir mientras la guerra civil seguía afuera, en El Salvador. El estado emocional de mi madre la afectó tanto que no sabía qué hacer conmigo. Aunque tenía 31 años, y muchos podrían pensar que a esa edad una persona ya tiene la capacidad de cuidar a un bebé, ella no la tenía.

No era porque no quisiera ser una buena mamá, sino porque no tenía la educación ni los recursos necesarios. Éramos muy pobres. Mi madre no tuvo acceso a una educación más allá de la preparatoria, y esa fue toda su formación. Ella trabajaba como ama de casa y limpiando casas para poder sobrevivir.

Entonces, ella quería ser la mejor madre. Y como ella,

hay muchas mamás que desean ser buenas madres, pero lamentablemente, a veces no estamos lo suficientemente educadas para ayudar a nuestros hijos a crecer, tanto en lo emocional como en lo físico y en la salud. Aun así, hacen todo lo que pueden para ayudar.

En ese tiempo, yo estuve más de un mes en el hospital. Logré subir de peso y finalmente pude salir. Pero cuando salí del hospital, las cosas no fueron normales.

El comienzo de la vida de Dina

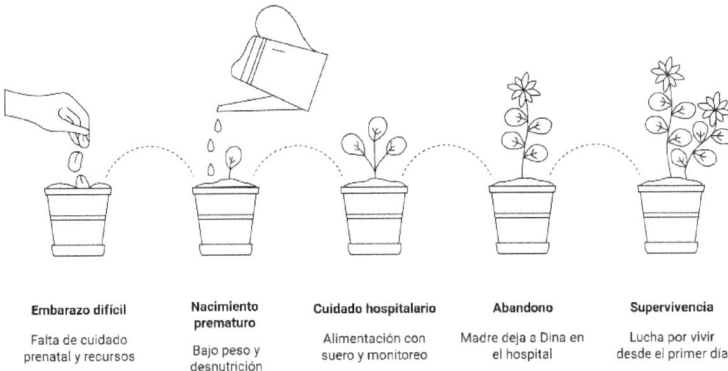

Embarazo difícil	Nacimiento prematuro	Cuidado hospitalario	Abandono	Supervivencia
Falta de cuidado prenatal y recursos	Bajo peso y desnutrición	Alimentación con suero y monitoreo	Madre deja a Dina en el hospital	Lucha por vivir desde el primer día

Me enfermaba con mucha frecuencia porque mi sistema inmunológico estaba muy bajo, ya que no tenía suficientes vitaminas. Yo me enfermaba con mucha facilidad. Además, vivíamos en una gran pobreza, sin recursos para seguir comprando vitaminas, como la vitamina C que necesita un bebé para su desarrollo, ni tampoco la leche adecuada para alimentarme bien.

Mi mamá me daba pecho, pero yo no quería el pezón, no quería el pecho. No me gustaba su leche, y no sé por qué. Yo pienso que, como pasé tanto tiempo en el hospital desde que nací, el estado emocional de un niño se afecta y se desconecta. Normalmente, cuando un bebé nace, el primer momento es el contacto con el cuerpo de la madre. Pero lamentablemente, mi madre apenas me vio y luego me regresaban al hospital. Así, yo nací desconectada de ella.

Cuando ella intentaba darme el pecho, yo lo rechazaba, y eso la frustraba aún más, porque no sabía qué darme de comer. Entonces, en lugar de leche, me daba Coca-Cola con pan francés. Yo era una recién nacida, una bebé, tomando refresco con pan como alimento.

Imagínese a una recién nacida, con los dientes queriendo salir, tomando un refresco en ese momento. Usted sabe el problema que se crea en un niño cuando se le da refresco desde tan pequeño. A la larga, ¿qué es lo que ocurre?

Se necesita ir al dentista, ¿verdad? Porque los dientes empiezan a llenarse de caries, a enfermarse, y el calcio se pierde. Y en mi caso, eso fue aún peor, porque ya me faltaba calcio, y encima tomaba soda.

Mi salud era muy deficiente. Antes de cumplir cierta edad, mis dientes comenzaron a caerse por la gran cantidad de azúcar en mi cuerpo. Así fue como yo crecí. Me tardaba mucho en procesar las cosas y fui desarrollándome más lento. A los dos años, yo crecía apenas a la mitad de lo que correspondía a mi edad.

Mi madre hizo lo mejor que pudo para criarme, desde su entendimiento y sus posibilidades. Cuando ella tenía 34 años, yo ya tenía un año de edad, pero mis huesos seguían careciendo de calcio, y las enfermedades eran constantes.

Además, un niño de uno a tres años necesita un estado emocional estable. Los primeros tres años de vida, los primeros 36 meses, son fundamentales para el desarrollo emocional del niño y también para la estabilidad familiar. Pero en ese tiempo, mi padre era alcohólico, un padre ausente.

La ciencia respalda esta realidad. Investigaciones del Center on the Developing Child de Harvard confirman que las experiencias tempranas —especialmente el estrés tóxico, la pobreza y la falta de apego seguro— moldean la arquitectura del cerebro y afectan el aprendizaje, la regulación emocional y la salud a largo plazo. No se trata de falta de capacidad: se trata de contextos que interrumpen el desarrollo.
(Harvard University, Center on the Developing Child, 2016)

Mi madre no tenía la educación necesaria para saber cómo desarrollar el cerebro de un niño, cómo fortalecer su salud, su estado emocional o cuándo buscar ayuda psicológica. Todo eso quedó a un lado. Así que imagínese cómo crecí yo entre el primer y el tercer año de vida.

¿Estabilidad?
Ninguna.

Yo no sabía lo que era una estabilidad. No sabía lo que era una rutina. No sabía qué venía después. Un bebé necesita estabilidad: una cama donde dormir, una alimentación saludable, horarios, y un ambiente seguro.

Y yo no tuve nada de eso.

Allá, mi mamá lo que hacía era cortar un mango y decirme: "Ten, come". O cortaba una fruta: "Ten, una naranja, come". O jocotes: "Come".

No había una comida nutritiva. Usualmente, los doctores recomiendan que una persona tenga desayuno, almuerzo, cena y una merienda a mitad del día. Yo no tenía todo eso. Era demasiada comida para nuestra realidad, ¿no? Así que, muchas veces, solo comíamos una vez al día.

"La pobreza no solo quita recursos; quita descanso, quita rutina y quita

voz. Por eso, ofrecer cuidado infantil de calidad es devolverle dignidad a la infancia."
—Dina Gonzalez

La pobreza infantil impacta el desarrollo

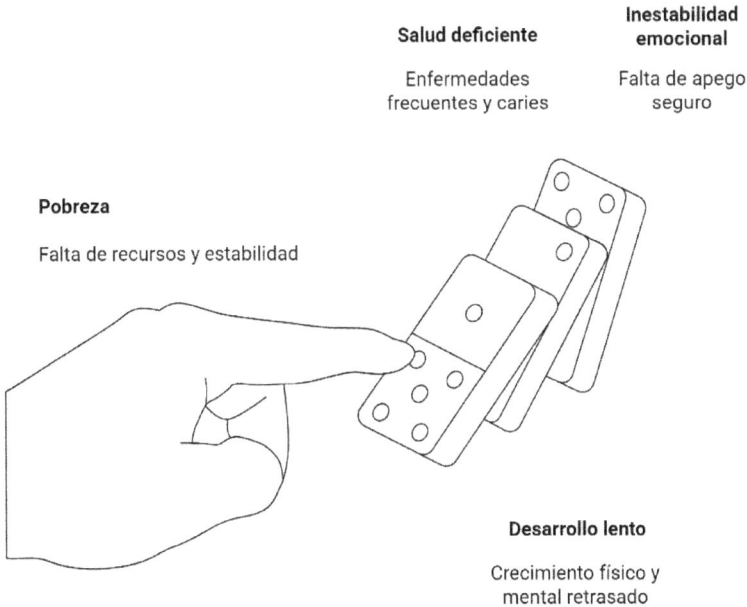

Salud deficiente

Enfermedades frecuentes y caries

Inestabilidad emocional

Falta de apego seguro

Pobreza

Falta de recursos y estabilidad

Desarrollo lento

Crecimiento físico y mental retrasado

¿Y qué es una comida al día para una niña? Era comer un pan, un bolillo, con mantequilla, partido a la mitad, y una soda. Esa fue mi alimentación durante casi tres años.

Después, cuando mi mamá empezó a tener un poco más de recursos, la comida fue aumentando. A veces nos freía un plátano y lo ponía en medio del pan con un poco de crema. Eso era cuando ya teníamos un poco más de dinero.

Leche… yo no conocí la leche. Cereal… yo no sabía qué era un cereal. Imagínese una niña de tres años. ¿Cómo va a crecer así con el tiempo? ¿Cómo va a progresar en su desarrollo?

Mi salud era muy deficiente. Tenía anemia. Y así fue mi infancia, de cero a 36 meses. En mi estado emocional y verbal, no podía hablar mucho ni procesar muchas cosas.

Cuando fui a la escuela, al kínder, mi mamá y yo tuvimos que mudarnos de ciudad por la guerra. Mi mamá no tenía educación formal, así que tenía que vender en la calle. Vendía huevos y mercancía en los mercados, bajo un sol de más de 100 grados.

¿Y quién estaba a su lado?

Una niña desnutrida, sin saber si ese día mi mamá iba a vender lo suficiente para llevar dinero a la casa. Y así era nuestra vida. A veces, cuando llegaban los conflictos de la guerra o las personas armadas, mi mamá tenía que recoger todo o salir huyendo, dejando la mercancía atrás.

¿Y cómo iba mi mamá a volver a comprar la mercancía? Muchas veces se la robaban.

¿Y ahora qué vamos a comer?

Imagínese vivir así tres, cuatro, cinco años, en ese estado emocional. Era un caos. Y aun en medio de todo eso, yo quería ir a la escuela. Así fue como me pusieron en una escuela de kínder, y yo iba.

Pero una niña que no tiene estabilidad emocional, una casa fija ni una rutina, aunque vaya a la escuela, no puede aprender igual. No importaba que mi madre hiciera el esfuerzo. Ella incluso quiso ponerme en una escuela privada, un colegio privado en Mexicanos, que era considerado el mejor colegio del lugar.

Ella vendía, luchaba y hacía todo lo posible para darme una mejor educación. Pero yo iba a la escuela... ¿y sabe qué hacía allí?

Me dormía.

Mi mamá me preguntaba:
—¿Qué aprendiste hoy?
—Nada.
—¿Cómo que nada? Si yo estoy bajo el sol vendiendo para pagar la escuela.

Pero la verdad era esta: la escuela era el único lugar donde yo tenía paz para poder dormir.
¿Dónde dormíamos normalmente?
¿En el suelo?
¿Con frío?
¿Bajo la lluvia?

Y en nuestro país, El Salvador, cuando llueve, llueve fuerte. Truena, las paredes tiemblan, el agua es helada. Son tormentas que dan miedo, especialmente para un niño. Dormíamos en el suelo, sin protección.

Entonces, cuando yo llegaba a un colegio y miraba todo bonito, limpio y en silencio, ¿qué hacía mi cuerpo?

Dormir.

Porque eso era estabilidad.

De la adversidad a la estabilidad

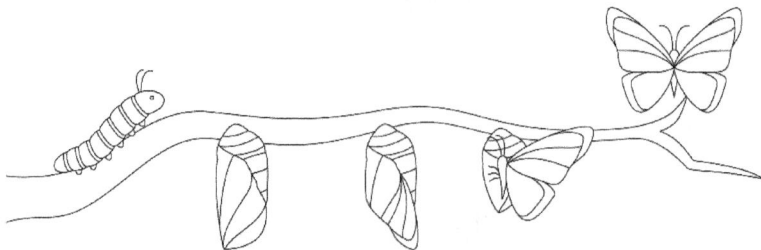

Infancia caótica
Desnutrición, inestabilidad emocional y falta de recursos

Lucha materna
Venta en la calle bajo el sol para la educación

Escuela privada
Intento de proporcionar una mejor educación

Refugio para dormir
La escuela como un lugar de paz y estabilidad

Estabilidad emocional
Paz, seguridad y oportunidad de aprender

La psicología del desarrollo y la neurociencia infantil han demostrado que, cuando un niño vive en constante inseguridad —sin alimento suficiente, sin un lugar fijo para dormir y bajo amenaza permanente—, su cerebro no prioriza el aprendizaje, sino la supervivencia. Según informes de UNICEF, el estrés tóxico en la primera infancia afecta directamente la atención, el lenguaje y la memoria.

Dormir en la escuela no era pereza ni falta de interés. Era la forma más básica en que mi cuerpo infantil reconocía, por primera vez, un espacio sin peligro.

(The United Nations Children's Fund (UNICEF))

Dentro de mí, en el subconsciente de una niña, no había paz. Y cuando un niño encuentra un lugar estable y tranquilo, su cuerpo busca descansar.

Por eso es tan importante que un niño duerma bien, que duerma sus ocho horas, que tenga una alimentación nutritiva y que desayune antes de ir a la escuela. Solo así puede aprender.

Pero muchas veces los maestros dicen:

—Es que su hija no aprende.
—Es que su hija es lenta.

Y no saben, ni se imaginan, que ese niño tal vez llegó a la escuela sin comer.

O con zapatos rotos, con hoyos, porque no había para

comprar otros.

O con el uniforme lavado a mano, solo con agua, porque ni para jabón había.

El niño llega, se sienta en su pupitre, y el maestro empieza a dictar.

Pero, ¿alguna vez un maestro se detiene a preguntar:

—¿Qué está pasando con este niño?
—¿Cómo es su entorno emocional?
—¿Cómo es su casa?
—¿Hay alguien esperándolo con amor cuando regresa?

¿O será que, al salir de la escuela, ese niño tiene que cuidar a sus hermanos, siendo él mismo apenas un niño de tres, cuatro o cinco años?

Porque ser el hermano mayor, sea mujer u hombre, significa nacer con una responsabilidad diferente. Nuestros padres se van a trabajar y, aunque uno tenga cuatro o cinco años, dicen: "Aquí está tu hermano".

(espacio libre para notas personales)

(espacio libre para notas personales)

2

Escasez y responsabilidad

Cuando yo tenía tres años, nació mi hermano Salvador. ¿Y quién es responsable de criar a un niño cuando la hermana tiene apenas tres, cuatro o cinco años? Era mi responsabilidad.

Yo me hice mamá a los cinco años, que es lo que recuerdo. Siempre tuve que cuidar a mi hermano, porque mi mamá, como le digo, trabajaba desde las cuatro y media de la mañana.

Ella salía a vender a la calle para poder

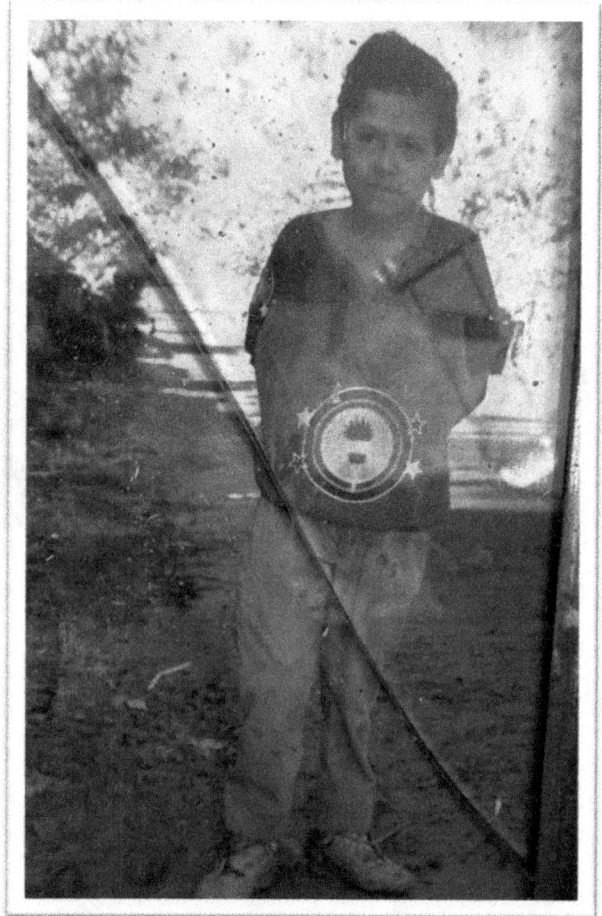

mantenernos. Y me decía:

—Dina, aquí está tu hermano. Asegúrate de que coma. Pero una niña de cinco años, ¿qué le va a dar de comer a su hermano?

Lo mismo que a ella le daban: soda, dulces, papitas, sabritas.

¿Se imagina?

Eso fue lo que yo aprendí, y eso fue lo que enseñé. Porque un niño no puede darle a otro lo que no tiene. Nadie nos enseñó otra cosa.

El cerebro de un niño, de cero a tres años, es fundamental. Es cuando necesita desarrollar el lenguaje, la comunicación y su capacidad emocional. Si al niño no se le enseña eso, simplemente no lo sabe.

Entonces, el maestro dice:

—Este niño necesita educación especial.

No.

Es que nunca fue enseñado.
Nunca le explicaron cómo.

¿Cómo vamos a criticar o juzgar a un niño sin conocer su estado emocional?

Por eso es tan importante hacer una evaluación antes de que un niño llegue a la escuela. Así se puede entender cómo trabajar con la familia, con el niño, y de dónde viene realmente.

Y así iba yo a la escuela. No aprendía nada. El alfabeto me lo memorizaba. Lo repetía, pero no lo entendía.

Cuando llegó el momento de pasar a primer grado, me hicieron el examen como tres veces. Nunca pasé. Siempre se me olvidaban las letras.

Porque mi enfoque no era la escuela.
Mi enfoque era sobrevivir.
Sobrevivir y criar a mi hermano.

Con el tiempo, nació otro hermano. Cuando él tenía como tres años, nació otro más. Para entonces, yo ya tenía alrededor de ocho años.

Y así me fui convirtiendo en madre de mis hermanos.
Y también en padre.

En medio de todo eso, mi madre tuvo que mudarse muchas veces: de Santa Tecla a Mexicanos, de Mexicanos a Santa Tecla, y luego regresar a Santa Ana, donde ella había nacido.

Y así seguía nuestra vida: moviéndonos, sobreviviendo y creciendo sin estabilidad.

Porque, tenemos que enfocarnos mucho en los padres, ¿verdad?

¿Cuál es su trasfondo? ¿De dónde vienen? ¿Y qué es lo que ellos traen a la vida de sus hijos?

Eso es lo que necesitamos identificar para poder entender el problema, tanto como psicólogos, maestros y terapeutas que trabajan con niños.

Mi mamá regresó al lugar donde ella nació, y fue allí donde yo conocí su historia. Mi madre nació siendo una de cinco hermanos.

Su mamá, mi abuela, trabajaba desde las tres de la mañana, haciendo tortillas, cocinando frijoles y dando de comer a los peones que trabajaban en los cafetales recogiendo café. En El Salvador se trabaja mucho el café y la caña.

Eso era en Santa Ana, en un cantón muy pequeño llamado Ayutepeque. Allí llegaban los trabajadores a un molino. Mis abuelos eran dueños de ese molino, y les daban de comer a los trabajadores.

Pero en realidad, mi abuela era el hombre de la casa.

Mi abuelo estaba allí, pero era un padre ausente: sentado, callado, muy relajado. Entonces mi mamá creció viendo ese patrón: la mujer como proveedora y el hombre ausente.

La infancia de la narradora estuvo marcada por responsabilidades y falta de apoyo.

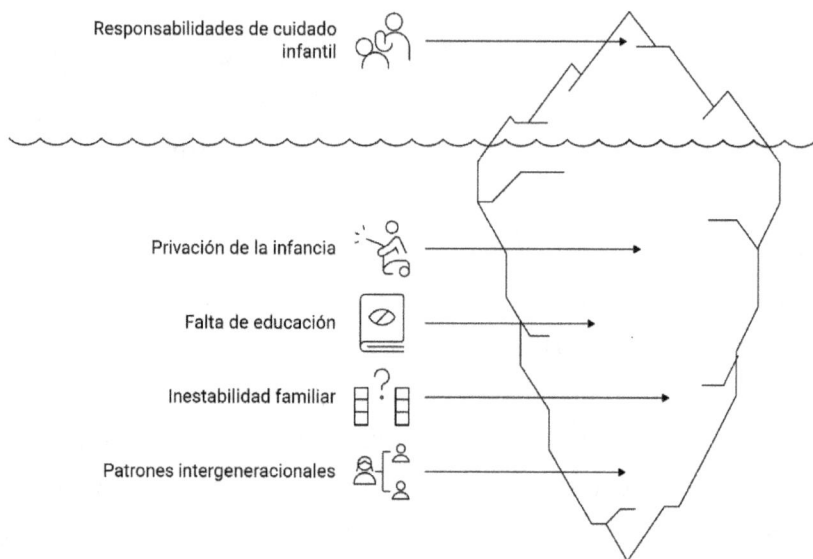

Mi mamá, siendo la hermana mayor, repitió ese mismo patrón. Tuvo que salir de ese cantón para ir a trabajar como ama de casa, para poder ayudar a sus hermanos y a su mamá.

Y si usted mira mi historia con atención, va a notar algo muy claro: desde que nací, entre el sufrimiento y la pobreza, yo regresé al mismo papel de mi madre.
El papel de proveer.

El papel de cuidar a mis hermanos.

Así como mi abuelo fue un padre ausente, yo crecí con esa ausencia también. No porque no hubiera amor. Yo adoraba a mi abuelo. Era un abuelo amoroso.

Pero la falta de un padre,
la presencia ausente de un hombre en la familia,
deja huellas profundas.

Y esos patrones se repiten,
de generación en generación,
cuando nadie los reconoce
y nadie los sana.

> *La transmisión intergeneracional del trauma es un fenómeno ampliamente documentado por la psicología y el trabajo social. No se hereda el dolor como una condena inevitable, sino como una experiencia no nombrada, no elaborada y no sanada. Según informes de UNICEF, los niños que crecen en contextos de violencia, pobreza y ausencia emocional tienden a reproducir roles de cuidado, silencio y sobre-responsabilidad desde edades tempranas.*
> *Yo no elegí ser madre de mis hermanos. Ese rol me fue heredado como se hereda el miedo: sin palabras, pero con consecuencias profundas.*

El estado emocional de un niño afecta a toda la familia. Porque la base de una familia es esencial. Y cuando una familia no está sostenida emocionalmente, especialmente por la figura del padre como líder del hogar, se crea una familia disfuncional.

"Las heridas no sanadas no desaparecen: se heredan. Pero cuando una persona sana, la cadena se rompe para siempre."
—Dina Gonzalez

Eso afecta a los hijos, a los hermanos, a las generaciones enteras. Cuando una madre crece en una familia disfuncional, muchas veces repite ese patrón sin darse cuenta.

Esta es la raíz.

Mi madre creció en una casa con un padre ausente, aunque él estuviera físicamente allí. No proveía el apoyo emocional que un padre debe dar. Nuestra cultura crió a mi madre sin emociones.

Por eso, mi madre me regañaba y me decía que no mostrara mis emociones, que no enseñara mi dolor. Entonces, desde los tres, cuatro y cinco años, yo aprendí a guardar todo lo que sentía.

Muchos niños guardan sus emociones en casa, pero cuando llegan a la escuela, ¿dónde las sacan?

Golpeando a otros niños.
Atacando.
Mordiendo.

En el preescolar, yo mordía a otros niños y atacaba a los maestros. Los demás niños me rechazaban, me hacían a un lado. Entonces mi madre decidió ponerme en una escuela privada.

"Cuando un niño se porta 'mal', casi siempre se está portando herido. La conducta no es el problema; es el mensaje."
—Dina Gonzalez

Pero allí también me miraban diferente. Mi madre era pobre. Mi uniforme no era bonito. Y yo me sentía rechazada.
¿Y qué hace un niño cuando se siente rechazado?
Ataca.
Ese comportamiento crea caos en el salón de clases. Y ese caos viene de patrones familiares que se repiten de

familia en familia, de generación en generación.

Mi madre me crió como ella sabía. No porque no quisiera hacerlo mejor, sino porque no sabía cómo hacerlo.

No sabía cómo criarme emocionalmente.

"Muchas madres no fallan por falta de amor, sino por falta de información. Educar a una madre es proteger a generaciones enteras."
—Dina Gonzalez

Cuando yo tenía cuatro y cinco años, mi madre quiso ponerme en una escuela pública, pero no había cupos, porque ella vendía en la calle. Con mucho sacrificio, logró pagar una mensualidad para que yo pudiera asistir a una escuela privada llamada Jardín Infantil, en la ciudad de Mexicanos.

Allí empecé el preescolar, casi llegando a kínder. Pero ese primer año fue muy difícil. Yo era agresiva con los maestros, mordía, hacía berrinches o simplemente me dormía. No estaba interesada en la escuela.

La razón, pienso ahora, era mi estado emocional. Una niña sin estabilidad no puede enfocarse ni aprender.

En casa, había muchos problemas. Mi padre era alcohólico y tomaba casi todos los días. Mi madre también estaba ausente emocionalmente, porque trabajaba todo el tiempo. Con enorme sacrificio, ella pagaba la escuela privada vendiendo en la calle: huevos, herramientas, frijoles, arroz, lo que pudiera vender.

Además de pagar la renta donde vivíamos, tenía que pagar el colegio.

En ese tiempo, mi hermano tenía alrededor de dos años y se quedaba con mi mamá vendiendo en la calle. Una vez, mientras vendíamos, un hombre intentó robarse a mi hermano. Nadie se dio cuenta, pero yo siempre estaba alerta. Vivíamos en tiempos de guerra civil, en 1980, y no había paz en El Salvador.

La ciudad de Mexicanos fue una de las más afectadas, porque estaba en medio del conflicto. Ese día, cuando el hombre quiso llevarse a mi hermano, yo grité. Muchas personas salieron a ayudarnos y lograron impedir que se lo llevaran.

Ciclo de trauma infantil y agresión

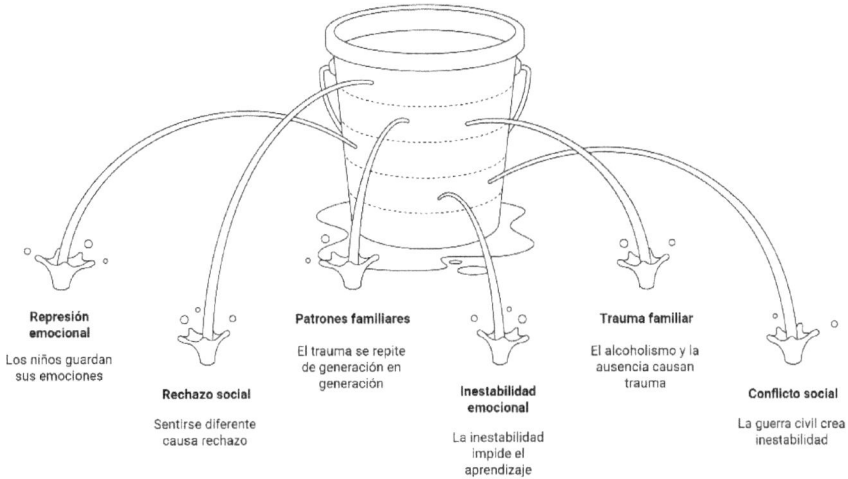

Represión emocional
Los niños guardan sus emociones

Rechazo social
Sentirse diferente causa rechazo

Patrones familiares
El trauma se repite de generación en generación

Inestabilidad emocional
La inestabilidad impide el aprendizaje

Trauma familiar
El alcoholismo y la ausencia causan trauma

Conflicto social
La guerra civil crea inestabilidad

Después de eso, el estado emocional de mi hermano cambió. Quedó traumado, con miedo de estar solo o cerca de personas desconocidas. Pensaba que en cualquier momento se lo iban a llevar.

Entonces yo me volví una hermana sobreprotectora. Siempre cuidándolo, siempre alerta. Como era la hermana mayor, me enfoqué más en él que en mí misma. A los cinco años, yo ya había dejado de pensar en mis propias emociones.

En esa edad, era muy difícil entender lo que pasaba en nuestro país. La guerra afectaba todo: la economía, los precios, la comida. Los huevos subían, el frijol subía, la harina, el maíz… todo era difícil de conseguir y de vender.

La economía estaba muy mal. Las personas peleaban por igualdad, por sobrevivir. Eso afectaba profundamente a los adultos, a las familias y, sobre todo, a los niños.

Vivíamos constantemente en modo de supervivencia: alerta, miedo, huida. Nunca había paz. Nunca había estabilidad. Por eso teníamos que mudarnos de ciudad una y otra vez.

Mi padre seguía tomando. La mercancía muchas veces nos la robaban. A veces teníamos que pagar multas o dar dinero a personas para evitar problemas. Ellos se quedaban con el dinero, y mi mamá se quedaba sin lo suficiente para volver a comprar mercancía.

Así vivíamos.
Sobreviviendo.

Antes, lo que llamaban una "multa" era un pago que se hacía en cada territorio, supuestamente para que nos cuidaran. Pero ni aun así funcionaba. Nadie podía cuidar a nadie, porque las alianzas en todo el país estaban mal.

En ese momento, mi mamá decidió mudarse a Santa Ana. Para poder hacerlo, vendió todo: la mercancía, los materiales que usaba para vender, los estantes donde ponía los frijoles, las latas de comida... todo. Cada uno de nosotros solo se llevó dos mudadas de ropa. Así comenzamos el viaje en un carro que, al final, se arruinó a medio camino. Tuvimos que abandonar el carro también.

Mi mamá iba embarazada de mi tercer hermano, Roberto. Ella perdió hasta sus zapatos en el camino. Roberto nació, pero tristemente solo estuvo con nosotros dos años y medio; después murió atropellado.

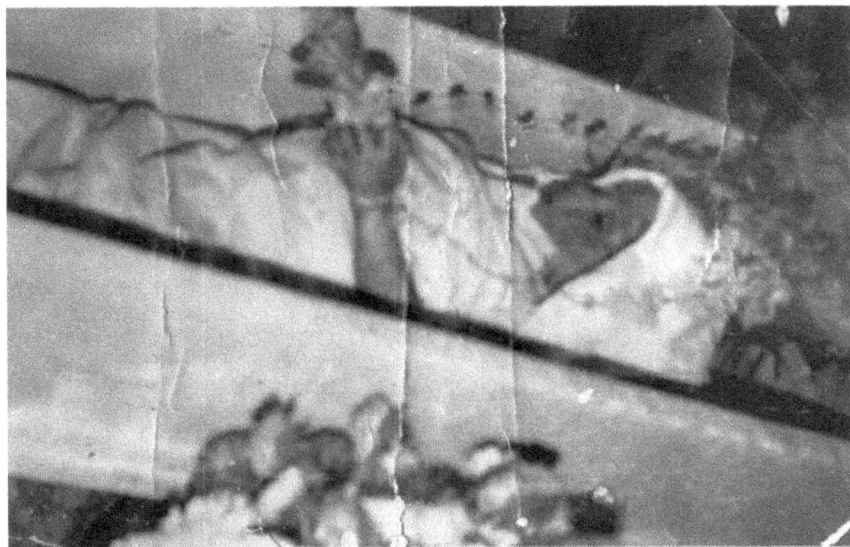

Cuando el carro se arruinó, quedamos varados a mitad de la carretera. Tuvimos que pedir ayuda y un tío, llamado Ismael, fue quien llegó a recogernos.

Mi mamá seguía embarazada, y en la Ciudad de La Libertad fue donde dio a luz a mi hermano. No pudimos salir de allí porque no había transporte, no pasaban buses, y tuvimos que quedarnos cerca de 40 días, hasta que mi mamá se aliviara por completo.

No conocíamos a nadie en ese pueblito tan pequeño. No había legumbres ni comida. Recuerdo que mi mamá nos mandaba a un río donde pasaban pescados, y de allí los sacábamos para poder comer antes de llegar a Santa Ana.

Ese fue el camino que tuvimos que recorrer. Antes de llegar a Santa Ana, mi mamá entró en labor de parto y dio a luz a Roberto. Yo ayudaba como podía: limpiaba pescados y se los daba de comer a mi mamá. Tuvimos que buscar una partera.

La partera era una mujer que ayudaba a traer niños al mundo, aunque no era enfermera registrada. Como el parto fue tan rápido, no había nada preparado. Tuvieron que buscar unas tijeras viejas y oxidadas, limpiarlas con alcohol y con eso cortaron el ombligo de mi hermano. Mi mamá empezó a sangrar mucho, y entre varias personas ayudaron a la partera para atenderla.

Nos quedamos allí unos 40 días. Después, mi tío Ismael tuvo que ayudarnos a salir caminando, durante casi una hora, de piedra en piedra, hasta poder llegar a Santa Ana.

Ya en Santa Ana, logramos subirnos a un rayete. De allí todavía tuvimos que viajar otra hora más. Mi mamá cargaba al bebé o se lo pasaba a mi tío para poder avanzar. Finalmente llegamos a un cantón llamado Ayutepeque.

Allí vivimos durante cinco años, en una casita de lámina. No había baño, no había sanitario, no había nada. Solo cuatro paredes de lámina. Hacía mucho calor y había animales, insectos, culebras… vivíamos con miedo.

Emocionalmente, yo no estaba bien. Lloraba mucho. Arriba, caminando por una vereda, había una escuela que hoy ya no existe. Mi mamá me inscribió allí y continué el kínder en una escuela pública. Pero en esa escuela siempre había violencia: gente golpeada, gente asesinada. A veces llegábamos y nos decían que alguien se había quitado la vida.

Todo el país estaba viviendo una destrucción emocional. Vivíamos con miedo constante, sintiendo que nuestra vida siempre estaba en peligro.

Cuando intentaron pasarme a primer grado, no pude. Me enseñaban el abecedario y vocabulario antiguo, y con eso evaluaban a los niños. Por mi estado emocional, yo no estaba a ese nivel. Me hicieron el examen tres veces y nunca pasé. Me regresaron otra vez a kínder.

Era muy difícil concentrarme. No comía bien, no tenía vitaminas, y emocionalmente estaba muy afectada. Así repetí grado tras grado. La ciudad era nueva para mí, no conocía a nadie.

Mi mamá empezó a vender otra vez: comida, pan, cosas pequeñas. Hizo una tiendita. Y en lugar de enfocarme solo en la escuela, yo tenía que ayudarle. Me mandaba en autobús a comprar verduras y mercancía para vender. Así empezamos a sobrevivir en esa ciudad.

Vivimos allí cinco años. Yo tenía entre ocho y once años. En 1989, mi mamá decidió venirse a Estados Unidos. La razón fue que mi papá seguía tomando y nunca nos dio una vida estable. Mi mamá pensó que viniendo a Estados Unidos podría darnos un futuro diferente.

La decisión final llegó cuando mataron a mi hermano frente a nuestra *champita (shack)*, la casita de lámina. Un carro lo atropelló y murió en ese mismo instante. Mi mamá no quiso seguir viviendo allí.

Ella se vino sola por un año. Nos mandaba 100 dólares al mes. En ese tiempo, en El Salvador, eso equivalía a mucho dinero. Se usaban colones, y con eso alcanzaba para vivir un mes. Pero yo nunca veía ese dinero, porque mi papá se quedaba con él y se lo gastaba tomando con sus amigos.

Yo tenía que ir a la escuela y también trabajar. Me levantaba a las cuatro y media de la mañana para ir a cortar café. Me pagaban los sábados. En la tarde iba a la escuela. En temporada de café, me daban surcos pequeños donde yo podía pepenar. También vendía cosas en la escuela durante el recreo: frutas, verduras, lo que podía.

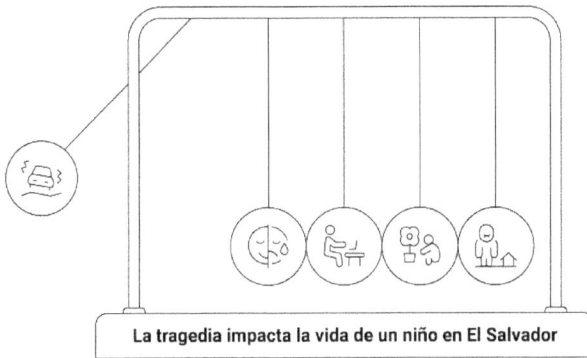

La tragedia impacta la vida de un niño en El Salvador

Muerte del hermano	Trauma emocional	Repetición de grado	Trabajo infantil	Inestabilidad familiar
Atropellado frente a la casa	Llora mucho, no está bien	No puede concentrarse, repite	Corta café, vende cosas	El padre gasta el dinero

Siempre trabajé. Tenía nueve o diez años, pero actuaba como si tuviera 18 o 20. Tuve que crecer muy rápido. Nunca tuve infancia. Nunca tuve tiempo para jugar, para ser niña. Esa infancia quedó atrás, perdida en el olvido.

Siempre soñé con ser una niña, pero ese sueño nunca llegó.

Durante la guerra civil salvadoreña, miles de niños crecieron sin infancia. Según datos de organismos internacionales como ACNUR, el conflicto forzó a más de un millón de personas a desplazarse interna o externamente, y una gran parte de ellas fueron niños que asumieron responsabilidades de adultos demasiado pronto. Cuando una infancia se vive en modo de huida, el juego se reemplaza por vigilancia, y los sueños se posponen para poder seguir vivos. Yo no dejé de soñar porque no quisiera; dejé de hacerlo porque sobrevivir era más urgente.

(Alto Comisionado de las Naciones Unidas para los Refugiados).

(espacio libre para notas personales)

(espacio libre para notas personales)

3

Cruze de fronteras, y de vida

Alos 12 años, le mandamos una carta a mi mamá pidiéndole que nos mandara a traer. Ella habló con mi tía Elida Velázquez, y su esposo, Pepe, vino desde Guatemala para recogernos.

Después de vivir cinco años en Santa Ana, tuvimos que empezar nuestro viaje hacia Estados Unidos. Si usted mira mi vida desde que nací hasta los 11 o 12 años, cada cinco años teníamos que mudarnos y dejar nuestras pertenencias atrás. Nunca hubo estabilidad, ni una base emocional segura.

Siempre hubo carencias: nunca tuvimos zapatos nuevos; a veces nos regalaban zapatos o comprábamos de segunda. La ropa era rota o muy viejita. Dormíamos en el suelo. Comíamos pan con mantequilla, a veces pan duro, para sobrevivir. Así fue nuestra vida desde los 0 hasta los 11 años.

El viaje para llegar a Estados Unidos nos tomó casi un mes. Tuvimos que cruzar fronteras: Guatemala, México, Tijuana… y finalmente la frontera de Estados Unidos. A tan temprana edad, empecé a conocer países, lenguajes, culturas y formas de vivir. Cada familia era diferente, cada lugar era distinto.

En ese momento llegamos a México y nos perdimos. Nos quedamos allí un mes, esperando una confirmación de un tío que nos ayudaría a cruzar hacia Estados Unidos. En ese tiempo, solo veníamos mi hermano Salvador y yo.

Mi mamá había venido un año antes. En El Salvador,

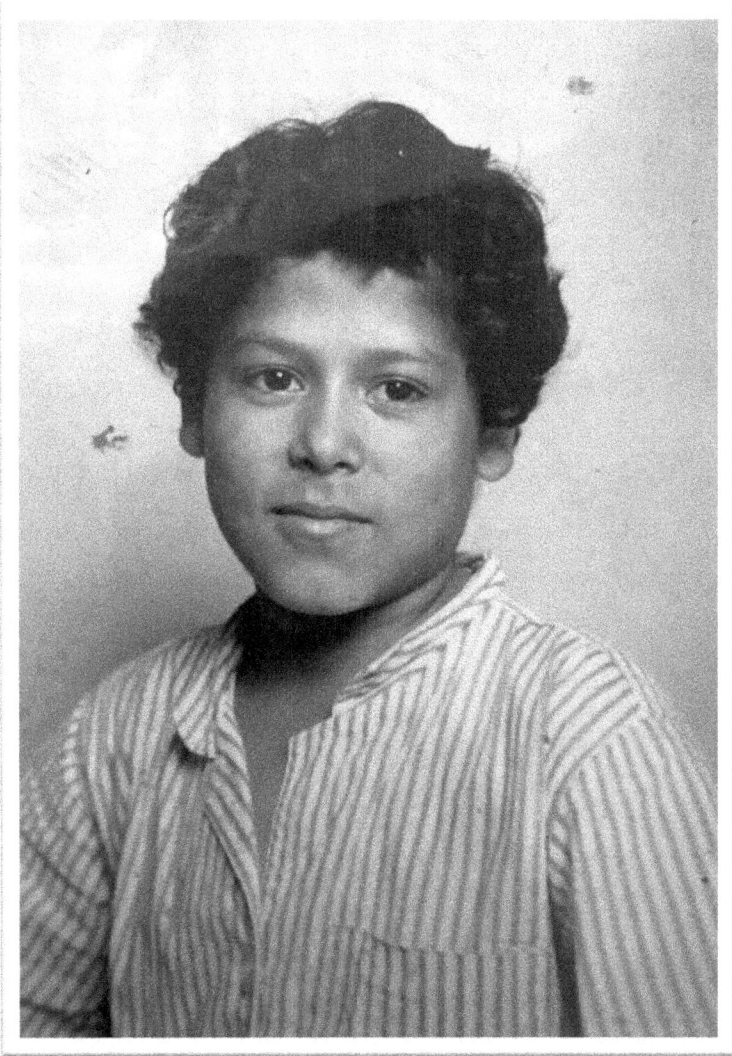

ella tuvo otra hija en Santa Ana, Ayutepeque: mi hermana Ligia. Cuando mi mamá se vino a Estados Unidos, se la trajo con ella y cruzó tres fronteras y los cerros de Tijuana para llegar.

Mientras tanto, mi hermano y yo nos quedamos solos por un tiempo. En México pasamos un mes. El dinero se acabó y no teníamos qué comer. A veces pedíamos dinero para sobrevivir. Otras veces, íbamos a la Basílica, donde la gente tiraba monedas a una fuente para pedir un deseo. Al final del día, mi hermano y yo recogíamos esas monedas y comprábamos lo que podíamos para comer: un chicharrón, o lo que alcanzara.

El chicharrón es un pedazo de puerco frito que en México suelen servir con crema y otras cosas. Esa era nuestra cena, a veces con un vaso de leche. Vivíamos en un hotel con un tío mientras esperábamos cruzar la frontera.

En ese tiempo, mi estado emocional estaba completamente destruido. Lloraba mucho, tenía miedo, no conocía a nadie. Mi enfoque era uno: proteger a mi hermano y mantenernos a salvo.

Después de un mes, intentamos cruzar la frontera por primera vez. No sabíamos cómo evitar a migración. Recuerdo que era 1990. En un momento, mi hermano se estaba hundiendo en un hoyo, y como yo siempre lo protegía, empecé a gritar para salvarlo. En ese momento nos agarró migración. Nos llevaron a una detención, una "comuna", y allí estuvimos dos días.

A mí me metieron en un lugar que se sentía como una cárcel, con personas mayores. Me separaron de mi hermano y yo lloraba demasiado, porque yo era como una mamá para él.

Después nos reunieron otra vez, y pasamos otra semana esperando para volver a intentar.

Era tiempo de frío, como otoño o inicio de invierno. Había días calientes y días helados. Y como salíamos de madrugada, a las cuatro de la mañana, no llevábamos nada más que la ropa puesta.

Tuvimos que correr por carreteras, meternos entre casas, cruzar ríos y lagos. Corrimos y corrimos. Yo sentía que nunca íbamos a llegar.

Finalmente llegamos a Estados Unidos en septiembre de 1990. Cuando llegué, cumplí 13 años.

Ahí empezó otra etapa: vivir con familiares. Ese capítulo lo continúo después, porque aquí termina la primera parte.

Un recuerdo doloroso antes de cruzar

En ese transcurso, cuando mi mamá ya estaba en

Estados Unidos, nuestro padre nos "regaló" en adopción a diferentes familias. Fue en 1989. A mí me llevó con una tía a Sonsonate. Allí yo tenía que trabajar con ese tío haciendo hamburguesas.

A mi hermano lo llevaron a otra ciudad, en El Salvador, y también lo ponían a trabajar: vendía dulces y chicles en los autobuses. Como El Salvador es pequeño, nos dividieron como si nos hubieran puesto en cada esquina del país. Era casi imposible ver a mi hermano. Yo pensaba que ya nunca lo volvería a ver.

Un día, mi papá llegó a visitarme a Sonsonate con una tía Claudia, y ella le dijo que quería ver a mi hermano. De repente, mi papá apareció con Salvador y me dijo:
—Te traje a tu hermano a conocer.

Cuando lo vi, yo supe que teníamos que irnos.

Y así fue: huimos y dejamos a mi papá atrás. Mi papá se llamaba Roberto Gonzalez. Desde 1989 no volvimos a saber nada de él: no sabemos dónde está, si está vivo o si falleció. Hoy tengo 49 años y todavía no sé la verdad. Esa pregunta siempre quedó en mi mente y en la de mi hermano.

Antes de venirnos, tuvimos que escondernos. Por la guerrilla y por todo lo que estaba pasando en el país, no podíamos simplemente salir caminando. Éramos menores de edad y nadie quería ser responsable de nosotros. Nos escondieron en un gallinero por unas dos semanas.

Allí, entre gallinas, todo sucio, sin ropa ni zapatos, sobrevivíamos como podíamos. A veces comíamos lo que encontrábamos. Era traumante. No conocíamos la zona, y yo solo recuerdo que estábamos lejos de Santa Ana.

Hasta que logramos contactar a mi mamá, y ella contactó a unos tíos. Una tía llegó por nosotros, nos subió a un autobús y nos llevó de regreso a Santa Ana para esperar el siguiente paso: el cruce hacia Guatemala.

Cruzamos a Guatemala sin pasaporte y sin documentos. Estuvimos allí como dos semanas, moviéndonos de un lugar a otro, durmiendo en hoteles, en la calle, sin comida muchas veces. El hombre que nos acompañaba se hacía pasar por nuestro padre para poder avanzar.

La separación familiar impacta el bienestar emocional

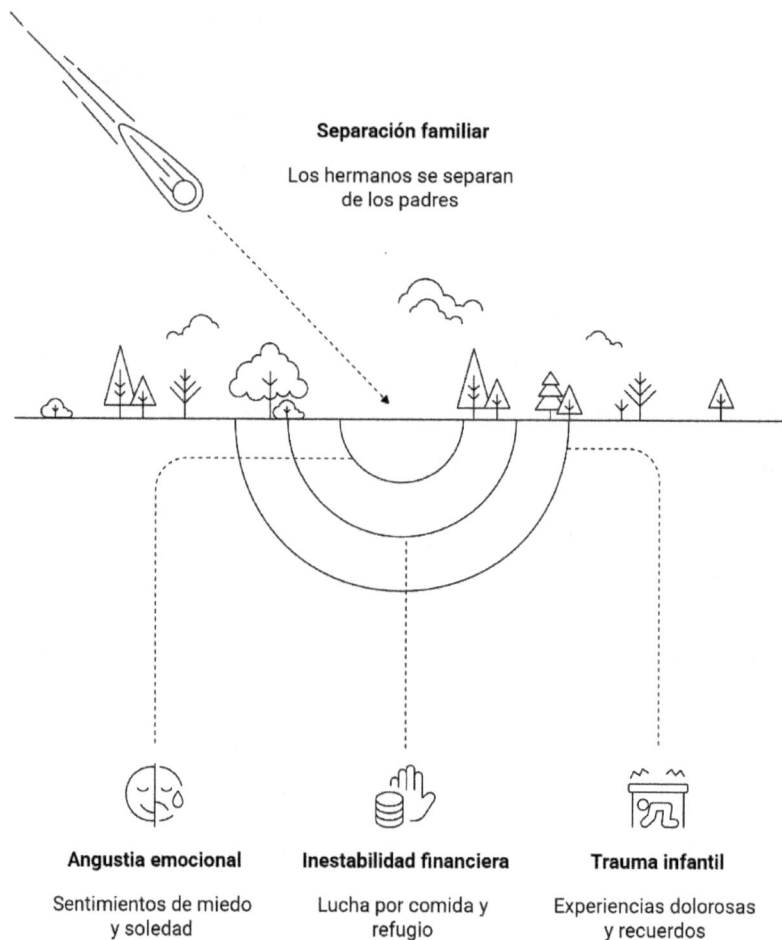

Separación familiar

Los hermanos se separan
de los padres

Angustia emocional

Sentimientos de miedo
y soledad

Inestabilidad financiera

Lucha por comida y
refugio

Trauma infantil

Experiencias dolorosas
y recuerdos

Ese hombre era Francisco, a quien le decían "Chico". Él ya falleció hace unos meses. Según recuerdo, hubo un pacto: alguien le ofreció ayudarle con papeles si él se comprometía a traer a sus sobrinos a Los Ángeles, por la calle Vermont. Y él cumplió. Se quedó con nosotros cuando tocó dormir en la calle. Decía: "Yo soy su papá", para protegernos y poder entregarnos con mi familia.

Cuando por fin cruzamos la frontera, fue una locura. Teníamos que pasar por palos, como si fuéramos pericos, y no podíamos caer al río porque se nos mojaba la única ropa que teníamos. Corrimos tanto que siento que fueron casi dos días de estar corriendo y escondiéndonos.

Hasta que por fin nos subieron a una van y nos entregaron con mi mamá y con mi tía. Ese día, yo sentí que por primera vez estábamos a salvo.

> *Para miles de niños centroamericanos en las décadas de 1980 y 1990, cruzar una frontera no significó encontrar descanso inmediato, sino cambiar de miedo. Dejar atrás la guerra no borró el trauma; solo lo trasladó a otro idioma y a otro sistema.*
>
> *Según reportes del ACNUR, muchos menores desplazados por conflictos armados llegaron a nuevos países con profundas heridas emocionales, retrasos educativos y una sensación constante de no pertenecer. Yo crucé la frontera con vida, sí, pero también con una historia cargada en el cuerpo y en la memoria.*
>
> *(Alto Comisionado de las Naciones Unidas para los Refugiados)*

Llegamos a Estados Unidos en septiembre de 1990. Para mí, esa fecha quedó marcada: el 21 de septiembre de 1990. Yo tenía 12 o 13 años, dependiendo del momento exacto del cruce y de mi cumpleaños.

Los Ángeles: empezar de nuevo

Primero vivimos con la familia, con mi tía Priscilla. En un apartamento de dos cuartos vivíamos demasiadas personas, como diez. Dormíamos en la sala. Compartíamos un solo baño. Allí estuvimos un buen tiempo, hasta que mi mamá encontró trabajo y pudimos movernos.

Nuestra primera ubicación fue cerca de Vermont, en Hollywood.

Luego nos mudamos cerca de la calle Hoover, porque hubo problemas familiares y mi mamá quería independizarse.

Ella trabajó en un hospital por 25 años, en limpieza y lavandería. Lavaba ropa de pacientes en un lugar de ancianos. Le pagaban $4.25 la hora y el dinero no alcanzaba. Tuvo que buscar un segundo trabajo.

Terminamos viviendo en un garaje por el que pagábamos como $500 al mes. En 1990 o 1991, eso era muchísimo. Vivíamos mi mamá, mi hermano Salvador, mi hermana Ligia (que tenía como dos años) y yo. El espacio era pequeño, como de 400 pies cuadrados. El baño era tan reducido que uno tenía que moverse con cuidado para poder sentarse.

No podíamos tener casi nada. Solo lo esencial.

Y, otra vez, a mi temprana edad, yo tuve que ser la segunda madre de mis hermanos. Mi mamá trabajaba dos trabajos y siempre estaba ocupada.

La escuela en Estados Unidos

Yo llegué a Estados Unidos sin saber hablar inglés. Empecé la escuela por primera vez aquí, en Berendo, en Los Ángeles, por Koreatown *(pueblo de Korea)*. Era una escuela grande y yo me sentía perdida.

En El Salvador, yo estaba atrasada y necesitaba ayuda especial, aunque en ese tiempo yo no sabía qué era eso. Recuerdo que cuando llegué aquí me pusieron en octavo grado. Yo sentía que había perdido años enteros de educación: tercero, cuarto, quinto, sexto, séptimo... como cinco o seis años.

Me sentía analfabeta. Me sentía "mensa". No entendía lo que hablaban. Luego todo era en inglés. Había clases de ESL para estudiantes aprendiendo el idioma. Empecé en nivel 1, casi sin entender nada.

Las matemáticas eran diferentes. La ciencia era diferente. Yo lloraba todos los días. A veces los niños me hacían bullying por mi acento, porque el acento salvadoreño es más pesado y hablamos diferente. Muchas palabras que decimos en El Salvador en otras culturas se entienden distinto o se malinterpretan.

Así que yo me quedaba callada. Pero en la casa se me acumulaba el coraje, el dolor, la frustración. Eso también me afectaba en la escuela y me hacía tener bajas calificaciones.

Aun así, en esos seis meses le eché muchas ganas. Me gradué de esa escuela, aunque yo sentía que no sabía nada. No sé ni cómo pasé las clases. Empecé a pedir ayuda a consejeros y maestras.

En 1991 me transferí a Birmingham High School, en la ciudad de Van Nuys, California. Allí entré a noveno grado. Me pusieron en ESL nivel 2 y en matemáticas básicas. Hasta el día de hoy, le digo la verdad: yo todavía no aprendí bien a dividir. Siento que esos años perdidos me afectaron mucho, incluso cuando fui a la universidad y en mi vida adulta. Era como si mi vida se hubiera brincado cinco o seis años de educación.

La migración no solo desplaza cuerpos; también interrumpe procesos cognitivos, emocionales y educativos. Muchos niños inmigrantes llegan a un nuevo país con la edad cronológica de un grado escolar, pero con una historia interna que no coincide con ese nivel. No es falta de inteligencia: es una ruptura en la continuidad del aprendizaje.
Yo no había "fallado" en la escuela. La escuela nunca había sido diseñada para una niña que venía de la guerra, del hambre, del trabajo infantil y del miedo constante.

En esos tiempos no se hablaba tanto de IEP, ISP o apoyos como ahora. Sí existían cosas, pero no había tantos recursos. La gente no estaba tan educada como hoy, en 2025, cuando ya hay más evaluaciones y más ayuda para identificar rápidamente a un niño que necesita apoyo.

El sistema hoy está más actualizado. Hay más ayudas para las personas que no hablan inglés: más recursos en las escuelas y más consejeros que hablan español.

En aquel tiempo, casi no existían esos apoyos. La mayoría de las maestras eran estadounidenses enseñando en inglés, así que el lenguaje quedaba cortado… y el estado emocional también.

No había algo que pudiera fluir. Nos sentíamos "prohibidos" en la escuela, como si no pudiéramos acercarnos a hablar con los maestros o con el consejero.

En 1992, mi madre se casó y nos tuvimos que mudar a Wilmington, California. Yo tuve que transferirme otra vez, ahora a Banning High School. Y, para mí, en ese momento no fue una buena experiencia, porque en mi escuela anterior yo había conocido a una maestra que me cambió la vida: Miss Evans.

En el nivel de inglés número 3, ella me transformó. No hablaba mucho español, pero hacía lo mejor para enseñarme. Fue mi maestra de inglés entre 1991 y 1992.

La migración interrumpe la educación de los niños

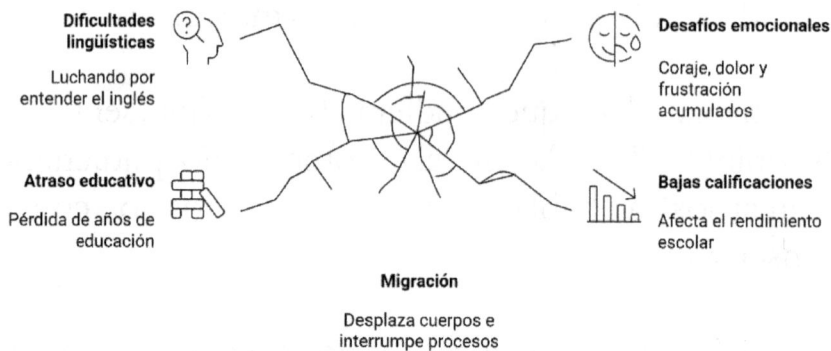

Dificultades lingüísticas

Luchando por entender el inglés

Atraso educativo

Pérdida de años de educación

Desafíos emocionales

Coraje, dolor y frustración acumulados

Bajas calificaciones

Afecta el rendimiento escolar

Migración

Desplaza cuerpos e interrumpe procesos

(espacio libre para notas personales)

(espacio libre para notas personales)

4

Mentores que me cambiaron

Miss Evans marcó mi vida. Hoy tengo casi 50 años y todavía recuerdo lo que me dijo: que yo debía ir a la universidad. Yo me sentía inútil, incapaz, como si no tuviera condiciones para nada. Pero ella siempre me repetía:

—Cuando termines la escuela, quiero que vayas por un doctorado.

En ese tiempo yo era indocumentada. Para mí, un doctorado era algo lejísimos. No tenía papeles, no tenía seguro social. ¿Quién me iba a ayudar a pagar la universidad?

Además, antes era mucho más difícil entrar a la universidad. No era como ahora, que hay más programas, más recursos y más ayuda para estudiantes inmigrantes. En aquel entonces, yo sentía que solo los ricos podían estudiar. Los demás, como nosotros, teníamos que lavar platos, trabajar en pizzerías o ir al campo. Para mí, la universidad estaba demasiado lejos. Pero esa maestra me enseñó algo que se me quedó grabado:

Que no hay obstáculos para salir adelante.

Que si tienes tu mente definida, puedes lograrlo.

No importa de dónde vienes, ni quién eres.

No importa tu cultura, tu diversidad, tu historia.

Si de verdad quieres ir a la universidad, ve por ello.

Eso quedó tatuado en mi mente. Nunca, nunca, nunca se me olvidó.

"La resiliencia me mantuvo viva,
pero la educación me enseñó a sanar.
Sobrevivir no es lo mismo que vivir
con conciencia."
—Dina Gonzalez

Cuando me cambiaron de escuela, yo lloré mucho por ella. Llegué a Banning High School y me sentí perdida otra vez.

Sí, aprendí inglés en tres años, pero dentro de mí siempre quedó la duda: como si nunca estuviera segura de que de verdad lo sabía. Creo que era por mi autoestima tan baja, por tanto sufrimiento, por nunca haber escuchado de niña: "Tú puedes. Confía en ti".

Mi autoestima, como niña y como mujer, estaba por el suelo. Yo sentía que nadie creía en mí.

Desde pequeña nos mudábamos de ciudad en ciudad. Nunca tuve una muñeca. Nunca fui niña. Nunca jugué. Nunca tuve una vida familiar estable. Para mí, todo se veía imposible. Todo se sentía muy, muy lejos de mi alcance.

En Banning High School, en lugar de mejorar mis calificaciones, empecé a ir a "ditch parties". En aquellos tiempos, "ditch parties" eran fiestas donde los estudiantes se salían de la escuela: alguien prestaba una casa, compraban alcohol, ponían música y llegaba un grupo de la escuela.

Nos brincábamos la cerca de Banning High School y salíamos corriendo de los guardias de seguridad.

Pero incluso cuando yo estaba en esas fiestas, me sentaba en una esquina y pensaba:

"No. Yo no soy de aquí. Esta no soy yo. Yo vine a este país para mejorarme, para convertirme en una persona diferente. Yo no me veo en esta situación".

Por eso les pedí a mis padres que me cambiaran de escuela otra vez.

Me quise mudar a una escuela en Long Beach. Intenté entrar a Lakewood High School, en la ciudad de Lakewood, pero me dijeron que mi nivel académico era demasiado bajo. Como el inglés era mi segunda lengua y venía con tantos años perdidos de educación, me rechazaron.

Entonces terminé en una escuela de continuación, que es muy diferente a una escuela regular. Se llamaba Reed High School, en la ciudad de Long Beach, cerca de Long Beach Boulevard.

Allí estudié en esos años (entre 1993 y 1994; y luego, más adelante, continué en escuela de continuación). Yo misma me confundía con las fechas, porque todo fue rápido y fue mucho cambio. Pero lo que sí recuerdo con claridad es esto:

Yo llegué con una diferencia enorme en mi educación. Sentía que me faltaban años de base, como si hubiera estado atrasada por ocho años.

Y esa sensación me perseguía.

Cuando yo estaba en El Salvador, estaba apenas en tercer grado. Al llegar a Estados Unidos, me colocaron directamente en octavo grado. Solo estuve dos años en la high school regular y después me mandaron a una escuela de continuación.

Superando obstáculos para la educación

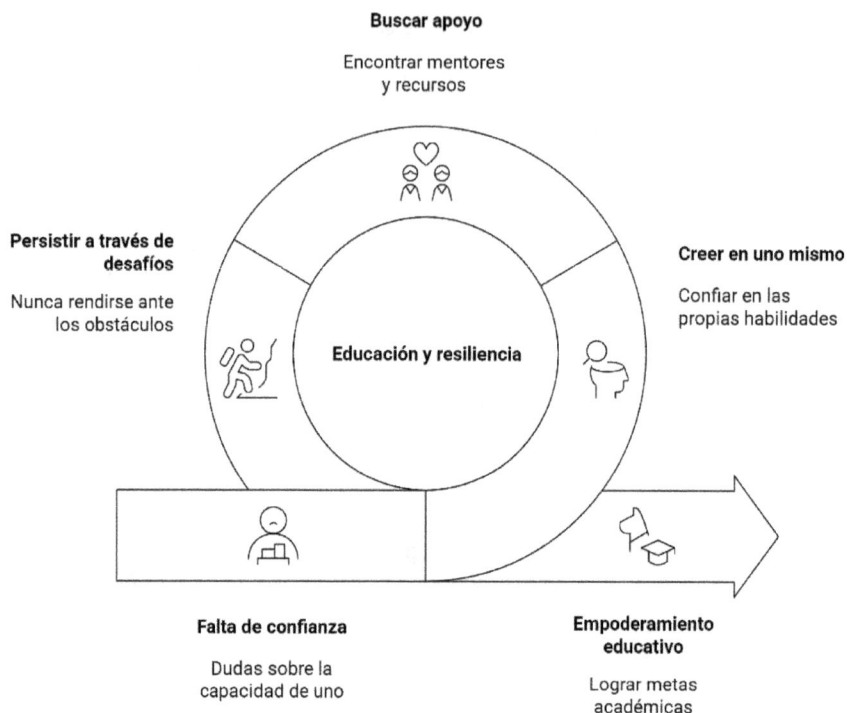

Buscar apoyo

Encontrar mentores
y recursos

**Persistir a través de
desafíos**

Nunca rendirse ante
los obstáculos

Educación y resiliencia

Creer en uno mismo

Confiar en las
propias habilidades

Falta de confianza

Dudas sobre la
capacidad de uno

**Empoderamiento
educativo**

Lograr metas
académicas

Me explicaron que una escuela de continuación no es una escuela normal. Allí no tienes clases tradicionales; juntas unidades y, si te dan un libro, lo trabajas prácticamente sola. Para alguien que no hablaba inglés, eso fue muy difícil. En lugar de avanzar, sentí que retrocedía más.

Me sentía perdida.

Cada día más perdida.

Veía malos ejemplos a mi alrededor: pandillas, drogas, marihuana, malas decisiones. Todo eso me hacía sentir aún más desorientada, como si no tuviera rumbo ni futuro.

Yo me veía como una niña sin buenas calificaciones, destinada a salirse de la high school sin graduarse y terminar trabajando en un restaurante de comida rápida. Y no tiene nada de malo ese trabajo, pero yo sabía que mi vida tenía que cambiar.

Ese fue el momento en que algo dentro de mí despertó.

Ese "despertar" no fue casual. En psicología social se reconoce como el momento en que una persona, aun en condiciones adversas, logra diferenciarse del entorno que la limita y comienza a tomar decisiones propias. No es rebeldía: es conciencia.

Muchos jóvenes inmigrantes, especialmente quienes han vivido trauma temprano, llegan a ese punto cuando entienden que repetir el caos no es destino, y que sobrevivir ya no es suficiente. Yo no sabía aún cómo llegar lejos, pero sí sabía con absoluta claridad que no quería quedarme donde estaba.

Ese certificado que decidí obtener fue muy importante para mí. Costaba 10 dólares, y yo no tenía esos 10 dólares. Era el segundo semestre de un curso de R.O.P. *(Regional Ocupational Program)*

Llamé a mi mamá y le dije:

—Mamá, ¿me puedes regalar 10 dólares?

En 1995 o 1996, 10 dólares era muchísimo dinero. Se ganaban cuatro dólares la hora, y no era fácil tenerlos. Pero esos 10 dólares definieron mi vida.

En la década de los noventa, el salario mínimo federal en Estados Unidos era de $4.25 por hora (1995), lo que significa que esos 10 dólares representaban más de dos horas completas de trabajo. No fue un regalo pequeño: fue una inversión de fe. Como escribió el educador Paulo Freire: "La educación no cambia el mundo, cambia a las personas que van a cambiar el mundo."

Empecé a ir a la escuela de entrenamiento. Regalé 128 horas de trabajo a una escuela privada como parte de mi preparación, y después de un año me gradué.

Ese mismo año me ofrecieron trabajo allí mismo.

(espacio libre para notas personales)

(espacio libre para notas personales)

Empoderada para educar

Trabajaba tres horas al día en Luther Preschool. Allí conocí a dos personas muy importantes para mi vida: el maestro Julio Neri y Marlene. Ellos fueron mis mentores y me ayudaron a continuar con mi educación. También la directora, Tracy Anderson, me motivaba constantemente a seguir adelante.

En ese tiempo yo no tenía estatus migratorio y mi inglés todavía no fluía bien. Palabras como *Child Development (desarrollo infantil)* o *Cognitive Development (desarrollo cognitivo)* no tenían sentido para mí. No entendía los términos, pero sabía que quería aprender.

Hoy sabemos que el aprendizaje significativo no comienza con el lenguaje técnico, sino con la motivación interna. Investigaciones en desarrollo infantil confirman que **la curiosidad y el deseo de aprender preceden a la comprensión académica.** *Mi historia lo confirma: aun sin entender las palabras, mi cerebro ya estaba construyendo las bases del desarrollo cognitivo y emocional.*

Empecé a tomar cursos en el colegio y traté de buscar ayuda para mis papeles migratorios. Insistí, trabajé y seguí adelante. Tenía que pagar mis estudios y trabajar dos empleos.

Trabajaba en el San Pedro Fish Market con Tony, y también tres horas en Luther Burbank Preschool. Iba al colegio y pagaba alrededor de $350 cada semestre solo en libros. Como persona indocumentada, no tenía acceso a muchos programas gratuitos.

En 1996, en Long Beach City College no había tanta ayuda como ahora. Para ir al colegio tenía que tomar dos autobuses. Trabajaba, estudiaba y sobrevivía así.

Después de un año logré comprar mi primer carro: un Hyundai Elantra salvage, de esos carros chocados y arreglados. Pero para mí era como un Mercedes-Benz. Era libertad. Nadie me enseñó a manejar; aprendí sola.

Vivía en una casa donde había abuso. Me insultaban, me humillaban, me decían:

—Eres bruta.
—No puedes salir adelante.
—No tienes condiciones.

Pero yo entendí algo muy importante: esas palabras hablaban más de ellos que de mí. Yo tenía un enfoque. Yo sabía a dónde quería llegar, aunque fuera llorando.

Iba al colegio, tomaba mis clases y le echaba todas las ganas. Sacaba buenas calificaciones, muchas A's, aun sin dominar bien el inglés.

En ese camino conocí a otra maestra que marcó mi vida: Michelle. Ella daba clases de música y fue otra mentora para mí. Me ayudó, me orientó y me refirió a programas para estudiantes inmigrantes. Gracias a ella pude aplicar para ayuda financiera y también para mis papeles migratorios.

Con la guía de maestros y consejeros, las cosas empezaron a ser un poco más claras. Aun así, resistí durante cinco años viviendo en un ambiente de abuso, maltrato y humillación. A veces, cuando hacía mis tareas, me las rompían.

Pero yo seguí.

Tenía que pegar mis tareas como si fueran un rompecabezas, unirlas hoja por hoja, sacar copias y así entregar mis exámenes finales. Para ellos, yo era una grosería. Me decían que era tonta, que no sabía nada, que estaba "mensa". Decían: "Es de El Salvador, de Centroamérica, no sabe nada".

Había mucho prejuicio. Pensaban que la gente de Centroamérica solo venía a trabajar en bares o en prostitución. Esa era la carga emocional que ellos ponían sobre mí. Pero yo salí adelante. No me di por vencida. Al contrario, todo eso fue gasolina para mi vida, algo que me empujó a seguir.

Yo ya venía de una infancia destruida emocionalmente. Llegar a una familia donde el maltrato y la humillación continuaban fue muy duro. Pero algo dentro de mí no se rindió. Yo oraba mucho. Le pedía a Dios fuerza para salir adelante.

Duré dos años estudiando en Long Beach City College y terminé el programa de *Child Development (desrollo infantil)*. Logré sacar un permiso de directora. Aun así, los golpes y las humillaciones seguían, y yo no podía hacer nada. Me sentía amarrada.

Superando la adversidad a través de la educación

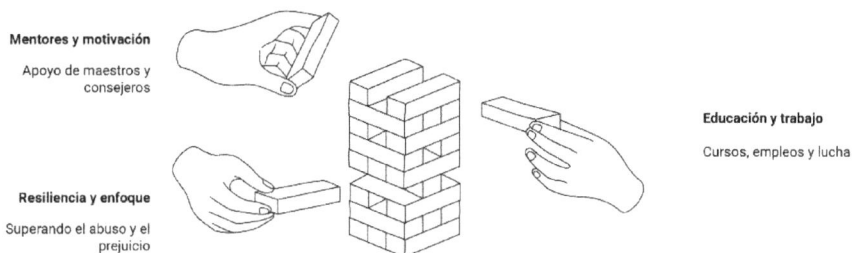

Mentores y motivación

Apoyo de maestros y consejeros

Resiliencia y enfoque

Superando el abuso y el prejuicio

Educación y trabajo

Cursos, empleos y lucha

Entonces decidí cambiar mi vida. Me cambié de trabajo y de ciudad para alejarme de esa familia tóxica emocionalmente.

Empecé a trabajar en el mundo de los carros. Pensé que sería igual, pero no. Trabajar en un *dealer (concesionario de automóviles)* fue como una escuela de finanzas. Aprendí a trabajar con bancos, préstamos y financiamiento. Fui a una escuela automotriz en Santa Ana y me prepararon como financiera.

Yo era la única hispana, con mi acento fuerte en inglés. Aun así, le eché muchas ganas y me gradué con una A. Todo fue gratis, aunque el valor real del curso era de $14,000, un dinero imposible para mí.

Mientras estudiaba, regresé a vivir con mi mamá. Le pedí permiso y me dijo que sí, pero que me fuera a dormir al cuarto de los perros de mi padrastro. Yo le dije: *I don't care (no me importa)*. Allí dormía, a veces con mis dos hijos. Algunas veces dejaba a los niños con su papá para poder ir a la escuela.

Fui de las primeras en graduarme y conseguí trabajo en un dealership. Trabajé con Bobby Colón en Downey Dodge como vendedora por un año. Pero empecé a ver algo que me dolió mucho: estaba repitiendo el mismo patrón de mi madre.

Trabajaba 12 o 14 horas al día, y mis hijos quedaban descuidados.

Hoy, mi hijo tiene 26 años y mi hija 29. Ahora puedo ver claramente las marcas emocionales que quedaron en ellos. Veo la diferencia con mis otros hijos, los que tuve después, cuando ya había más estabilidad emocional.

Los primeros cargaron mucho dolor. Y cuando crecieron, sacaron todo eso. Yo tuve que pasar por un proceso, y gracias a mi formación en desarrollo infantil, pude entenderlos mejor y ayudarlos, en vez de criticarlos.

A veces los padres no fallamos porque seamos ignorantes, sino porque no estamos educados emocionalmente. Y en vez de ayudar a un joven, lo empujamos más a la calle, a las pandillas, a las drogas, a los vicios, porque no sabemos cómo entenderlo.

Cuando uno tiene educación emocional, aprende que así como nosotros fuimos afectados, nuestros hijos también pueden serlo. Transmitimos esas heridas desde el vientre. Y si no las sanamos, esas heridas siguen como una cadena.

No es una maldición, es una cadena emocional.

> *La psicología del desarrollo lo confirma: el trauma no tratado se transmite de generación en generación, no por genética, sino por aprendizaje emocional. La buena noticia es que **las cadenas se rompen con educación, conciencia y acompañamiento temprano.** Por eso la educación infantil de calidad no es un lujo: es una estrategia de justicia social.*

Por eso, como padres, tenemos que aprender a enseñar habilidades emocionales y detener esa cadena. Si no lo hacemos, se repite: alcoholismo, drogas, abandono, dolor. A veces uno cree que ya rompió el patrón, pero los hijos lo manifiestan de otra forma.

Por eso es tan importante educarnos y sanar.

Después dejé el trabajo en los carros. Me di cuenta de que trabajar tantas horas no era vida. El papá de mis hijos me amenazaba constantemente, y mi mamá tampoco quería que yo siguiera viviendo con ellos. Había resentimiento porque yo me había ido joven y ahora regresaba con dos hijos pidiendo ayuda.

No sentí apoyo.

Entonces llamé a un *shelter (refugio)*, una casa de ayuda para mujeres víctimas de violencia doméstica. Era el año 2002. Llegué a Santa Clara, en San José, cerca de la calle Alum Rock, donde había un KFC. Una trabajadora social me estaba esperando allí.

Cuando entré al *shelter (refugio)*, entendí lo que era el verdadero trauma. Yo pensaba que solo estaba siendo abusada emocionalmente, pero vi mujeres con brazos quemados, narices rotas, ojos golpeados, cráneos fracturados. Era impactante.

Allí entré con mis hijos, Jacqueline y Adam. Imagínese el trauma para un niño vivir en un lugar así. Estuvimos un mes. No quise quedarme más tiempo. Tenía que trabajar.

Con mi preparación en educación infantil, decidí regresar a ese camino. Empecé a trabajar en una escuela llamada Our savior Luther Burbank preschool, en San José, como directora de un programa después de la escuela. Trabajé allí hasta que se acabó el financiamiento.

Mientras tanto, renté un cuarto por $500. Vivía allí con mis dos hijos. Y fue allí donde, poco a poco, empecé a levantar mi vida.

Ahí comenzó una nueva etapa.

Y ahí termina esta parte de mi historia.

Para terminar esta parte, quiero aclarar algo importante. En 2002 y 2003, yo no tenía documentos, y una persona sin documentos no puede simplemente pedir welfare. Nunca estuvo en mi mente pedir ayuda monetaria. Desde los 17 años yo había trabajado sin parar.

> *Es importante decirlo con claridad, porque muchas narrativas públicas no entienden esta realidad: las personas inmigrantes sin documentos no tienen acceso libre a los sistemas de ayuda. Pedir apoyo no fue comodidad, fue supervivencia. Y aun en el momento más vulnerable, mi prioridad no fue depender, sino proteger y seguir trabajando. La dignidad también se defiende cuando una madre pide ayuda solo para salvar a sus hijos.*

Rompiendo la cadena emocional

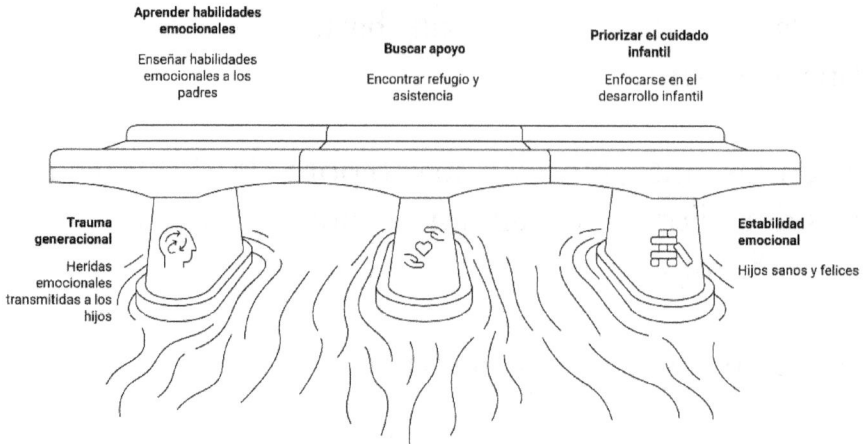

Aprender habilidades emocionales
Enseñar habilidades emocionales a los padres

Buscar apoyo
Encontrar refugio y asistencia

Priorizar el cuidado infantil
Enfocarse en el desarrollo infantil

Trauma generacional
Heridas emocionales transmitidas a los hijos

Estabilidad emocional
Hijos sanos y felices

Cuando llegué al *shelter (refugio)*, no tuve otra opción. Era la única alternativa para proteger a mis hijos. Yo había trabajado tantos años que, cuando fui a pedir desempleo, me dijeron que no calificaba porque había acumulado alrededor de $100,000 en historial de trabajo. Pero en ese momento yo era joven, estaba sola y no tenía ni para darle de comer a mis hijos.

Tenía un carro viejo que me había costado $500 y siempre se le dañaba el alternador. Cuando un carro tiene ese problema, la batería se muere y el carro se queda donde sea. Muchas veces tenía que empujarlo para que volviera a prender. Así llegaba a mis trabajos, empujando el carro.

La resiliencia no siempre se ve como discursos motivacionales. A veces se ve como una mujer empujando un carro con las manos cansadas, sabiendo que si no llega, no come, y si no trabaja, sus hijos no sobreviven. Esa fue mi universidad más dura: la de no rendirme aun cuando el cuerpo ya no podía.

El *shelter (refugio)* me ayudó también con algo muy delicado: la custodia de mis hijos. Cuando una mujer huye de violencia doméstica y se lleva a sus hijos a otra ciudad, legalmente tiene que ir a la corte para demostrar que no los secuestró, sino que los sacó de un ambiente peligroso. Muchas personas no conocen la historia detrás de una mujer que corre con sus hijos.

En el *shelter (refugio)* había una trabajadora social que al día siguiente me acompañó a la corte para pedir un amparo. Tuve que mostrar que me había ido por violencia doméstica y que estaba buscando un lugar seguro para mis hijos. También recibí clases obligatorias: clases para padres, clases emocionales y entrenamientos para sobrevivir ese proceso. Fueron alrededor de 25 horas de apoyo.

En cuanto al welfare, no califiqué. Solo me dieron ayuda por un mes. Gracias a Dios, al mes siguiente ya había encontrado trabajo y, con mi carrito viejito, así como estaba, empecé de nuevo.

En agosto de 2002 se acabaron los fondos del programa donde yo trabajaba como directora de un programa antes y después de la escuela. En ese tiempo, si una maestra no tenía al menos diez años trabajando bajo un distrito escolar, era más fácil que perdiera su trabajo. Las maestras con menos antigüedad fuimos las primeras en salir. Yo fui una de ellas.

Así que tuve que empezar otra vez desde cero. Trabajaba por la mañana, mis hijos iban a la escuela y, en el tiempo libre, salía a tocar puertas buscando trabajo. Encontré una escuela privada llamada Joyful Noise, cerca de la calle San Carlos. Me dieron trabajo, pero eran pocas horas y pocos beneficios.

Después conocí un programa llamado EOPS. Ese programa ofrecía muchos recursos: consejería, ayuda con servicios básicos y también un programa de cuidado infantil. Tenían centros en la ciudad de San José, en el condado de Santa Clara. Allí empecé a trabajar como asistente de la directora y de la maestra.

Apliqué para una credencial de Site Supervisor, que me permitía supervisar programas de desarrollo infantil. Trabajé allí por tres años. Pero de la noche a la mañana, el programa se quedó sin fondos. Fue un caos. Había decenas de niños y muchas proveedoras de cuidado infantil que dependían de ese programa.

Otra vez, tuve que buscar trabajo.

En ese tiempo yo estaba estudiando en San José City College, tomando clases de psicología, tratando de terminar un grado asociado o un bachillerato. Pero trabajaba tiempo completo, tenía dos hijos y estaba embarazada de otro. No tenía condiciones para ser estudiante de tiempo completo.

Terminar mi bachillerato me tomó casi diez años. Tomaba una clase por semestre. Trabajaba ocho horas al día, cuidaba a mis hijos, asistía a sus actividades escolares y luego estudiaba. A veces mi familia me decía:

—¿Estás estudiando para doctora o qué? ¿Por qué nunca terminas?

Hubo momentos en que quise rendirme. Pero seguí, poco a poco, como un pajarito que va llevando un granito a la vez. Así se llena el buche. Así se llega.

Después encontré un programa llamado 4C's, en Santa Clara, California. Apliqué para un puesto como *Provider Specialist (especialista proveedor),* pero no me aceptaron porque todavía no tenía mi bachillerato ni un título universitario de Estados Unidos. Aun así, expliqué mi experiencia y el trabajo que había hecho durante años, incluso meses sin paga.

Viaje hacia la Estabilidad

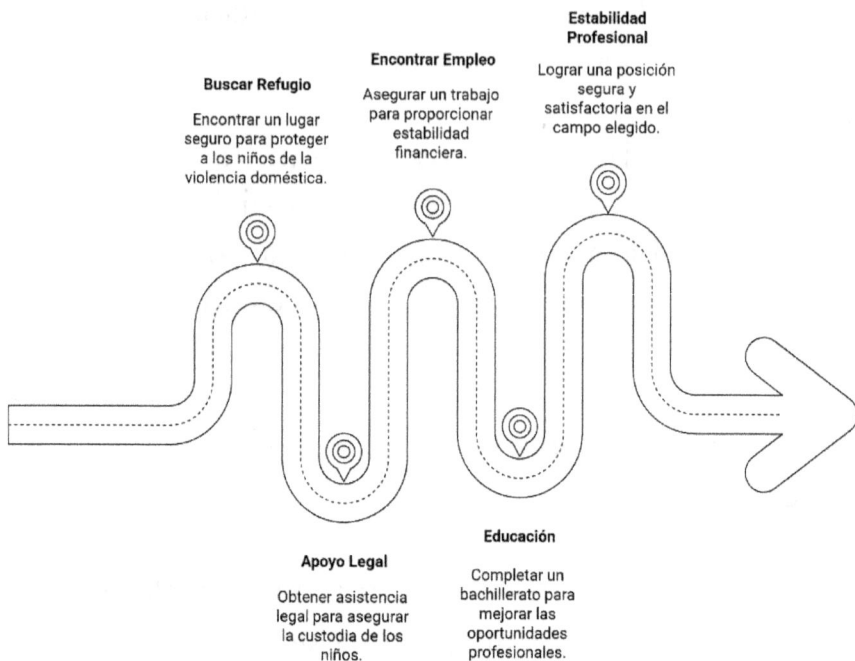

Buscar Refugio

Encontrar un lugar seguro para proteger a los niños de la violencia doméstica.

Encontrar Empleo

Asegurar un trabajo para proporcionar estabilidad financiera.

Estabilidad Profesional

Lograr una posición segura y satisfactoria en el campo elegido.

Apoyo Legal

Obtener asistencia legal para asegurar la custodia de los niños.

Educación

Completar un bachillerato para mejorar las oportunidades profesionales.

En ese tiempo yo vivía cerca de mi trabajo, en unos apartamentos junto al programa. Bajaba las escaleras y ya estaba allí. Pero el programa cerró y, aun sin trabajo, tenía que pagar renta. Solicité desempleo porque la supervisora nos indicó que lo hiciéramos, aunque algunas de nosotras seguimos apoyando mientras se resolvía la situación.

Había más de 120 niños en el programa de cuidado en casas, y muchos más en las escuelas. Yo tenía solo tres años allí, mientras otras personas llevaban 20 o 30 años. Pero la necesidad me hizo quedarme hasta el final.

Y así fue.

Con miedo, con cansancio, con lágrimas…

 pero sin rendirme.

Aquí termina esta parte de mi historia.

Entonces, yo ofrecí el programa. Le dije a la persona de 4C's —creo que se llamaba Franklin, el supervisor en ese momento— que había un programa que ellos podían administrar, porque Sacramento estaba otorgando fondos estatales para ese tipo de servicios.

Me entrevistaron, pero yo sentí que no me tomaron muy en serio. Tal vez porque no tenía estudios formales como ellos, que tenían maestrías, o porque mi inglés no era tan fluido. Aun así, seguí trabajando ese mes. Organizaba comida y, a veces, agarraba comida del mismo día para poder alimentar a mis dos hijos.

También hablaba con Linda, en el *daycare (guardería)* donde iban mis hijos, cerca de Santa Clara, y le pedía que por favor los alimentara bien. Yo le explicaba que estaba trabajando sin paga mientras esperábamos que Sacramento confirmara los fondos y, al mismo tiempo, yo seguía buscando otro trabajo.

Con el tiempo, llegaron supervisores del estado a

evaluar el programa. Vieron que el trabajo que se estaba haciendo era de calidad. Entonces me llamaron aparte y me dijeron:

—Este programa que tú estás manejando es bueno. Ya hablamos con Sacramento y los fondos van a continuar.

Resultó que el dueño del edificio, por tantas deudas, tuvo que venderlo. El programa solo pudo quedarse con una escuela y con las proveedoras de cuidado infantil en casa: alrededor de 50 proveedoras que atendían a unos 150 niños.

Estas proveedoras eran personas con licencia para cuidar niños en sus hogares. En California, la ley permite cuidar hasta 8 niños, o hasta 14 si se cumplen ciertos requisitos. Cuando trabajan con programas de alta calidad, pueden cuidar hasta 12 niños con la ayuda de una asistente. Esa asistente debe cumplir requisitos como primeros auxilios, vacunas, prueba de tuberculosis y un examen físico.

En aquel tiempo no se requería un CDA como ahora. El CDA es un certificado equivalente a 12 unidades en desarrollo infantil, que incluye clases sobre familia, comunidad, desarrollo del niño, arte e interacción en el aula o en el hogar.
(Certificado de Asociado en Desarrollo Infantil (CDA))

Muchas proveedoras abrían desde las cinco o seis de la mañana y algunas trabajaban hasta la noche o incluso 24 horas, siete días a la semana, porque atendían a padres que trabajaban en fábricas, oficinas o restaurantes. Aun así, muchas de ellas no habían recibido pago durante tres meses. Y, aun así, siguieron trabajando por fe.

Eso me marcó mucho.

Desafíos del programa de cuidado infantil

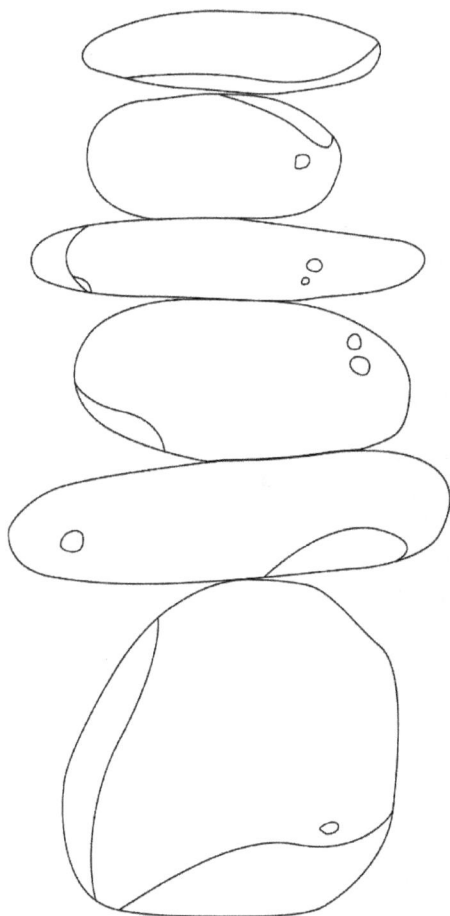

Venta del edificio

Pérdida de ubicación del programa

Obstáculos lingüísticos

Dominio limitado del inglés

Barreras educativas

Falta de credenciales formales

Carga de trabajo pesado

Horarios largos para los proveedores

Inseguridad laboral

Sin pago para el personal

Falta de fondos

Retrasos en la financiación estatal

(espacio libre para notas personales)

(espacio libre para notas personales)

6

Más que resiliencia

Yo pedí aplicar para la posición de supervisora de hogares, porque en ese momento ya tenía alrededor de 12 años trabajando con niños. Yo quería aprender cómo ofrecer cuidado de alta calidad en un hogar: nutrición, desarrollo social, arte, interacción, aprendizaje y estructura.

Ahí entendí algo fundamental: la calidad en el cuidado infantil no depende solo del dinero, sino del acompañamiento, la capacitación y el respeto al trabajo de las proveedoras. Muchas de ellas sostenían comunidades enteras con fe y vocación, pero sin herramientas. Mi misión se volvió clara: elevar los estándares sin deshumanizar, profesionalizar sin excluir.

No todas las proveedoras tienen el espacio o la preparación para ofrecer ese nivel de calidad. Mi trabajo fue entrenarlas, darles mentoría y acompañarlas. Trabajé un año completo capacitando proveedoras, dando entrenamientos para el condado y enseñando cómo ofrecer un cuidado de calidad, incluso en casas pequeñas, como muchas en San José.

Aprendimos a trabajar con evaluaciones como el DRDP, que mide alrededor de 40 áreas del desarrollo del niño: lenguaje, comportamiento, motricidad fina, motricidad gruesa, entre otras. Estas evaluaciones se hacen después de 45 días de que un niño entra al hogar. *(Desired Results Developmental Profile: A Developmental Continuum from Early Infancy to Kindergarten Entry)*

"Invertir en la primera infancia no es caridad: es justicia social. Es prevención silenciosa de cárceles, hospitales y cementerios."
—Dina Gonzalez

También enseñábamos Business Tools: cómo manejar un presupuesto, cuánto entra, cuánto sale, cómo pagar a un empleado, *workers' comp (compensación por accidentes a empleados)*, vacaciones, días feriados y días de enfermedad. En California, por ley, son seis días de enfermedad. Las proveedoras necesitaban manuales para empleados, manuales para padres y contratos claros.

Cuando una proveedora ofrecía calidad y cumplía con evaluaciones de salud y seguridad, recibía incentivos adicionales. También trabajábamos con evaluaciones como el QRIS *(Quality Rating and Improvement System / Sistema de calificación y mejora de la calidad)* y con niños que tenían IEP *(Individualized Education Program / Programa de Educación PersonalizadoClick to apply)*, IEPs *(Individualized Education Program services / Servicios del Programa de Educación Individualizada)*, que son planes educativos individuales para niños con necesidades especiales. La nueva evaluación para maestras para comprender sistema emoción y social del entorno de un niño se llama: *Class tools observation (herramientas de observación de clase)*.

Todo esto requería cumplir con normas estrictas del estado de California, bajo Community Care Licensing, en coordinación con bomberos y otras agencias. Las casas debían cumplir con seguridad: enchufes tapados, medicinas guardadas, cuchillos asegurados, productos de limpieza fuera del alcance, áreas de aprendizaje definidas y espacios para juego al aire libre.

El estado hacía visitas programadas y también visitas sorpresa. Hoy en día, todo queda registrado en línea. Los padres pueden buscar el historial de una proveedora, ver inspecciones, citaciones y el estado de su licencia. Por eso, el nivel de responsabilidad es muy alto.

Mi trabajo como supervisora incluía llegar sin avisar a los hogares, observar por varias horas, evaluar el entorno y dejar reportes. Ofrecer cuidado infantil en casa no es solo poner televisión o colorear. Requiere estructura: horarios para merienda, comida, aprendizaje, descanso y juego.

Trabajé con 4C's por otro año más. En 2006, compré una casa en Merced, California. Una proveedora me dijo algo que me marcó:

—¿Por qué no abres tu propio *daycare (guardería)*?

Esa pregunta fue un punto de inflexión. No vino de una teoría ni de un libro, sino de alguien que veía mi trabajo todos los días. A veces, el llamado profesional no nace de un título, sino del reconocimiento de la comunidad. Ahí empezó a tomar forma no solo un sueño personal, sino una misión: demostrar que el cuidado infantil en el hogar puede ser profesional, estructurado y de alta calidad.

Yo siempre había tenido ese sueño, pero no sabía por dónde empezar: permisos, licencias, estructura. Empecé a informarme, a buscar préstamos, a aprender sobre leyes de *childcare (cuidado infantil)*. Comprar una casa era importante, porque en casas rentadas muchas veces los dueños no permiten cuidado infantil, aunque la ley proteja ese derecho.

Profesionalizar el cuidado infantil en el hogar

Cuidado infantil de baja calidad
Falta de herramientas y capacitación

Capacitar a las proveedoras
Enseñar cuidado de alta calidad

Enseñar herramientas de negocios
Manejar presupuestos y empleados

Cuidado infantil profesional
Estructurado, de alta calidad y seguro

1   2   3   4

Implementar evaluaciones
Medir el desarrollo infantil

Aplicar normas
Cumplir con las regulaciones estatales

Aprendí que existen organizaciones legales de childcare law *(ley de cuidado infantil)* que ayudan a proveedoras a ejercer sus derechos. Yo trabajé mucho con ellas, especialmente apoyando a proveedoras que hablaban español.

Todo este proceso me enseñó que brindar cuidado infantil de calidad es una gran responsabilidad, pero también una herramienta poderosa para cambiar vidas. Y así fue como seguí creciendo, aprendiendo y construyendo, paso a paso.

> *Abrir un daycare (guardería) no es solo abrir un negocio. Es abrir una puerta de estabilidad para familias trabajadoras, especialmente inmigrantes. Cuando una proveedora se capacita y ofrece calidad, no solo cuida niños: sostiene economías familiares, previene negligencia y siembra oportunidades desde la primera infancia. Por eso, elevar los estándares del cuidado infantil es una forma concreta de cambiar comunidades enteras.*

Para que un niño pueda dormir bien, necesita su propia cama o colchoneta, con tres pies de espacio entre cada niño.

> *Ese espacio no es capricho. Es una medida de salud y seguridad: reduce riesgos de contagio, mejora supervisión y sostiene prácticas de descanso más seguras. Cuando una proveedora entiende esto, deja de ver "reglas" y empieza a ver protección del desarrollo. Ahí es donde comienza el cuidado de alta calidad.*
> *(California Department of Social Services)*

Cada uno debe tener sus cobijas identificadas con su nombre, porque la higiene es fundamental. Por eso se llama cuidado de alta calidad. Estos no son detalles opcionales; son requisitos que la agencia exige.

> *En el cuidado infantil de alta calidad, la diferencia entre improvisar y profesionalizar está en los detalles. La seguridad, la higiene y la organización no son preferencias personales; son estándares que protegen el desarrollo físico, emocional y cognitivo del niño. Cumplirlos no solo evita sanciones, también construye confianza con las familias y con el estado.*

Requisitos para obtener una licencia de cuidado infantil en el hogar

Para sacar una licencia de hogar y poder cuidar niños, hay varias reglas que se deben cumplir.

Si la persona no es propietaria de la casa, necesita completar un formulario del Capítulo 22 y obtener la firma del dueño de la propiedad, autorizando que se opere una guardería en ese hogar, ya sea una casa rentada o un apartamento.

La ley establece que no se le puede negar a una persona el derecho de cuidar niños en un apartamento o casa regular. Si la persona es propietaria, deberá presentar documentos de la hipoteca para comprobar que es dueña del hogar.

Lograr Cuidado Infantil de Alta Calidad

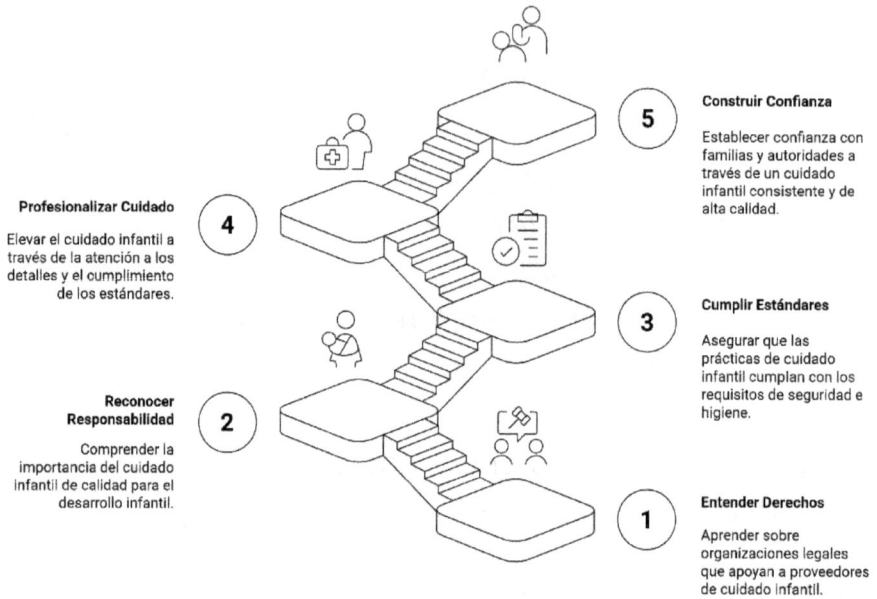

Construir Confianza

Establecer confianza con familias y autoridades a través de un cuidado infantil consistente y de alta calidad.

5

Profesionalizar Cuidado

Elevar el cuidado infantil a través de la atención a los detalles y el cumplimiento de los estándares.

4

Cumplir Estándares

Asegurar que las prácticas de cuidado infantil cumplan con los requisitos de seguridad e higiene.

3

Reconocer Responsabilidad

Comprender la importancia del cuidado infantil de calidad para el desarrollo infantil.

2

Entender Derechos

Aprender sobre organizaciones legales que apoyan a proveedores de cuidado infantil.

1

También es necesario acudir a la ciudad o al condado donde vive para verificar los permisos locales y notificar a los residentes cercanos, según lo requiera la ciudad.

Número de niños y tipo de licencia

Si la persona desea cuidar hasta 8 niños, debe aplicar directamente con Community Care Licensing.

En California, el licenciamiento distingue entre Small Family Child Care Home (hasta 8 niños) y Large Family Child Care Home (hasta 14 niños). Y cuando el cuidado se opera en una propiedad rentada o arrendada,

el estado contempla la autorización por escrito del dueño/landlord para ciertos aumentos de capacidad. Por eso yo siempre digo: antes de invertir dinero, invierta en claridad legal.
(STATE OF CALIFORNIA HEALTH AND HUMAN SERVICES AGENCY DEPARTMENT OF SOCIAL SERVICES)

Si desea cuidar 12 o 14 niños, el proceso es más extenso e incluye permisos de la ciudad y del Departamento de Bomberos.

Para cuidar 8 niños no se requiere experiencia previa.

Para cuidar 12 o 14 niños, se requiere al menos un año de experiencia trabajando en un centro o en otro hogar con licencia, además de huellas digitales aprobadas.

Huellas digitales e identificación

Una vez que se hacen las huellas digitales, Community Care Licensing asigna un número de identificación, similar a un seguro social profesional. Ese número se usa para comprobar que la persona ha sido aprobada.

Todas las personas mayores de 18 años que vivan en el hogar deben tener huellas digitales limpias. Se puede presentar un *ID (identificación)* estatal, pasaporte o matrícula consular.

Entrenamientos obligatorios

La proveedora debe completar entrenamientos obligatorios a través de *R&R (Resources and Referral (recursos y referencias))*, que incluye:

- Primeros auxilios

- Salud y seguridad

- Nutrición

- Prevención de riesgos en el hogar

Estos entrenamientos incluyen cursos de 7 a 8 horas, según el área. También se requieren vacunas obligatorias como tuberculosis, Tdap (tétanos) y MMR (sarampión).

Toda esta información debe mantenerse organizada en un archivo personal, para presentarla cuando el estado haga la inspección.

Requisitos del hogar

- Las áreas que no se usarán para la guardería deben estar cerradas con llave

- Chimeneas deben tener barreras de seguridad

- Enchufes eléctricos cubiertos

- Medicinas y cuchillos guardados bajo llave

- Agua caliente regulada a una temperatura segura

- Áreas definidas para juego, descanso, baño y cambio de pañales

La aplicación inicial consta de cinco páginas, disponibles en el sitio web de Community Care Licensing, con instrucciones paso a paso.

Inspecciones y permisos adicionales

Para licencias de 12 o 14 niños, el Departamento de Bomberos debe inspeccionar la casa y verificar:

- Extintores aprobados y vigentes

- Salidas de emergencia seguras

- Detectores de humo y monóxido de carbono funcionando

Si el bombero aprueba, firma el formulario y lo devuelve al licenciamiento. Luego, una trabajadora del condado programa una inspección final del hogar.

Las inspecciones pueden ser anunciadas o sorpresa, y hoy en día todo queda registrado en línea. Los padres pueden revisar el historial completo de una proveedora.

Responsabilidad del cuidado infantil en casa

Ofrecer cuidado infantil en el hogar no es solo cuidar niños. Requiere estructura, limpieza, seguridad, horarios definidos para comida, aprendizaje, descanso y juego. Es una gran responsabilidad, pero también una oportunidad de brindar un entorno seguro, digno y de alta calidad para los niños.

Ellos también pueden guiarla para pedir ayuda y verificar que su casa cumpla con los requisitos de salud y seguridad. Usted puede pedir esa revisión antes o esperar a que llegue el licenciamiento del estado. Ellos revisan su hogar y le dicen si pasó o no pasó.

Si no pasa, le indican qué cosas debe arreglar. A veces solo piden tomar fotos de los cambios y enviarlas para aprobación. Una vez aprobado todo, le mandan por correo su licencia.

La licencia puede ser para ocho niños o para catorce

niños. Las edades permitidas van desde seis semanas hasta los 13 años. Por ejemplo, usted puede cuidar cuatro infantes y doce niños, o tres infantes y catorce niños, dependiendo del tipo de licencia.

En la aplicación del condado hay una lista donde se indica cuántos niños puede cuidar y de qué edades. Usted puede cuidar niños antes o después de la escuela, recogerlos del kínder, TK o preescolar. Usted misma establece su horario.

Familias con subsidio

Una vez que todo está aprobado, comienzan a llegar las familias. Muchas de ellas son familias con subsidio, es decir, familias que necesitan ayuda para pagar la guardería porque no tienen los recursos económicos suficientes.

Proceso de Licencia de Cuidado Infantil en California

	Verificación de Permisos Locales	Asegurar el cumplimiento de las regulaciones locales
	Solicitud de Licencia	Solicitar la licencia apropiada según el número de niños
	Huellas Digitales e Identificación	Proporcionar huellas digitales y documentos de identificación
	Entrenamientos Obligatorios	Completar los entrenamientos requeridos en salud y seguridad
	Inspección del Hogar	Pasar las inspecciones de seguridad y salud del hogar

El subsidio puede cubrir una parte o el total del costo, dependiendo del ingreso familiar y del número de personas en el hogar. Con base en eso, el condado determina si la familia califica para guardería gratuita. Cuando los padres son aprobados, se les otorga un certificado. Algunos certificados son por seis meses, generalmente para padres que están buscando trabajo. Otros son por un año, para padres que ya trabajan.

También existe el programa CalWORKs.

- **CalWORKs 1**: la persona está recibiendo ayuda y buscando trabajo; recibe cuidado por un año.

- **CalWORKs 2**: la persona ya tiene un trabajo estable y recibe hasta dos años de guardería.

- **CAPPA**: El California Alternative Payment Asociation

- **MEP:** Migrant Education Program

Durante ese tiempo, el contrato queda asegurado. El niño asista o no, el gobierno paga. Las leyes pueden cambiar cada año fiscal.

> *Y sí cambian. Por eso, cuando yo asesoro a proveedoras, siempre les digo: verifiquen la etapa (Stage) en la que está la familia y con qué agencia se administra, porque CalWORKs se maneja por etapas y reglas de elegibilidad/ tiempos que pueden variar por fondos y guías estatales. Una proveedora preparada no solo cuida niños: también aprende a navegar el sistema para que el servicio sea estable para la familia y para el negocio.*
> *(California Department of Social Services)*

El año fiscal termina el 30 de junio y comienza de nuevo el 1 de julio, cuando se revisan fondos y programas disponibles.

Familias privadas

También puede aceptar familias privadas, es decir, familias que no califican para subsidio y pagan directamente. En ese caso, usted debe tener un contrato claro, que puede ser de tres a ocho páginas. En ese contrato usted establece sus reglas, horarios, pagos y políticas. Ese contrato protege tanto a usted como a los padres. Es importante saber que no se puede cobrar una tarifa diferente a familias privadas y a familias con subsidio. La tarifa debe ser la misma para todos.

Registro y promoción

Una vez que una familia la elige como proveedora, usted registra su información con el condado donde reside. Allí registra su nombre, número de licencia, seguro social o corporación, según aplique. El condado la incluye en su lista de proveedoras y la promociona.

Cuando una familia busca guardería en su área, el sistema les da una lista de proveedoras cercanas. Los padres pueden revisar su historial en Community Care Licensing, donde aparece su récord de inspecciones, visitas y cumplimiento.

Existen muchas agencias de subsidio, especialmente para familias inmigrantes, trabajadores del campo o padres que trabajan de ciudad en ciudad. Hay programas especiales para evitar que los niños trabajen en el campo. Algunas ciudades tienen varios programas; otras solo uno. Si una familia no califica en una ciudad, puede calificar en otra.

Estos programas no son caridad: son prevención. Previenen trabajo infantil, abandono escolar y ciclos de pobreza. Cuando una proveedora entiende esto, deja de ver el subsidio como "ayuda del gobierno" y empieza a verlo como lo que es: una inversión social en la infancia y en la estabilidad de familias trabajadoras.

Importancia de promover su negocio

Cuando una persona abre su *daycare (guardería)*, a veces pasan meses sin recibir clientes. Muchas proveedoras se desesperan y quieren cerrar. La razón principal es la falta de promoción.

Si usted se muda a una ciudad nueva, nadie la conoce. Como me pasó a mí cuando me mudé de San José a Merced. Nadie sabía quién era yo. Por eso es tan importante aprender a promover su negocio, especialmente cuando se trabaja con niños y familias.

Generalmente, los padres llegan por recomendación de otros padres o por cartas de referencia. Pero cuando uno viene de otro país o de otro estado y nadie lo conoce, abrir un negocio en un lugar nuevo puede ser muy difícil.

Lo que a mí me funcionó, y por eso lo recomiendo, fue hacer 5,000 folletos para promover mi guardería en todo el condado donde vivía. El folleto debe ser claro y bien explicado, y debe reflejar exactamente lo que dice su contrato.

El contrato es como una Biblia para la proveedora. Usted debe estar completamente segura de lo que pone allí, porque usted misma tiene que respetarlo y enseñarles a los padres a respetarlo. Por eso, todo lo que usted promete en el contrato debe aparecer también en el folleto.

Estableciendo un Negocio de Guardería Exitoso

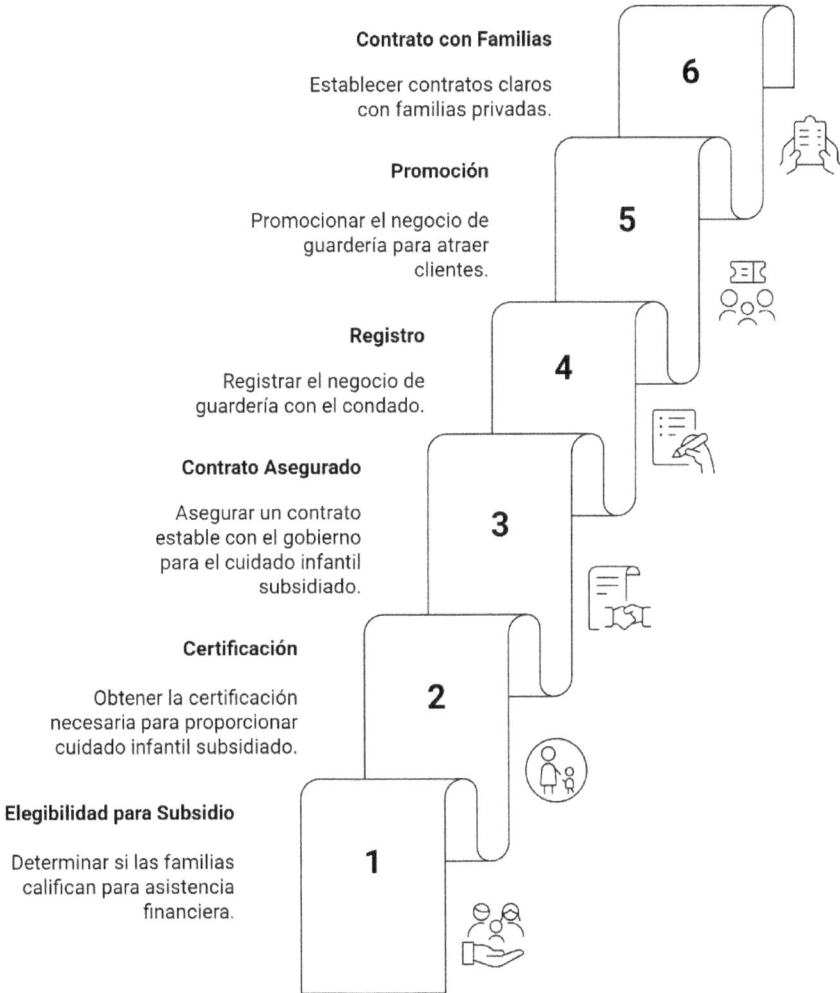

Contrato con Familias

Establecer contratos claros
con familias privadas.

6

Promoción

Promocionar el negocio de
guardería para atraer
clientes.

5

Registro

Registrar el negocio de
guardería con el condado.

4

Contrato Asegurado

Asegurar un contrato
estable con el gobierno
para el cuidado infantil
subsidiado.

3

Certificación

Obtener la certificación
necesaria para proporcionar
cuidado infantil subsidiado.

2

Elegibilidad para Subsidio

Determinar si las familias
califican para asistencia
financiera.

1

Yo siempre digo que una guardería no se cae por falta de amor, sino por falta de claridad. El contrato es la columna vertebral del negocio: protege a la proveedora, protege a la familia y, sobre todo, protege al niño. Cuando todo está por escrito, hay menos conflictos y más profesionalismo.

Por ejemplo:

Si usted abre de 6:30 a.m. a 6:30 p.m., ese horario se tiene que respetar.

Si usted ofrece cuidado 24 horas, debe especificarlo claramente: desde qué hora abre y a qué hora cierra, y cumplirlo.

Los contratos suelen tener horarios variables, pero es importante recordar que un niño no puede estar más de 10 horas en una guardería, porque eso ya se considera un abuso, tanto para el niño como para la proveedora. Todo eso debe quedar por escrito.

Si usted ofrece desayuno, almuerzo y cena, puede registrarse en el programa de comida del condado. Ese programa la visita cada seis meses para verificar que esté ofreciendo comida nutritiva. En el folleto usted debe indicar que participa en ese programa. Dependiendo del estado o del condado, pagan entre cinco y siete dólares por niño.

También debe indicar si ofrece transportación, si recoge niños antes o después de la escuela, si cambia pañales, si provee pañales o toallitas. Todo lo que usted haga y todo lo que no haga debe quedar claro desde el principio.

Ese folleto se convierte en su herramienta principal de promoción.

"La claridad protege. Un contrato claro no enfría la relación con las familias; la fortalece."
—Dina Gonzalez

Yo compré una caja de papel con 5,000 hojas, hice mi propio folleto basado en mi contrato y mandé a imprimirlos. Luego empecé a repartirlos por todo el condado: en la mañana, en la noche, bajo lluvia, con frío, a las 10 u 11 de la noche. Quería que todo el condado supiera quién era yo y qué tipo de cuidado ofrecía: cuidado de alta calidad.

Cuando usted ofrece calidad de verdad, no solo en el papel sino en su casa, los mismos padres empiezan a recomendarla. En menos de un mes, yo ya tenía los 14 espacios llenos y una lista de espera.

Mi recomendación es esta: no deje su trabajo hasta que esté segura de que ya tiene niños inscritos. Si usted es madre soltera y no tiene a nadie que la apoye económicamente, siga trabajando mientras obtiene su licencia y empieza a inscribir niños.

Cuando ya tenga interés de familias, puede hacer una open house (casa abierta) para que los padres vean su entorno, los juguetes, las áreas de aprendizaje y cómo trabaja usted.

Su casa debe estar organizada por áreas:

- área de bloques

- área de arte

- área de ciencia

- área de lectura

- área de juego tranquilo

Aunque la casa sea pequeña, se puede organizar bien. También debe tener suficientes juguetes, libros y materiales según el número de niños.

"Una casa pequeña puede criar futuros grandes cuando hay estructura, respeto y amor consciente."
—Dina Gonzalez

Si trabaja con el programa de comida, van a revisar que tenga cereales, leche, frutas, verduras y meriendas suficientes. Ese programa se basa en porciones específicas según la edad del niño. No se sirve de más, porque el desperdicio afecta.

Cuando yo empecé, era madre soltera y tenía tres hijos. Yo solo podía trabajar los sábados, así que los sábados hacía las inscripciones. Un sábado uno, otro sábado otro niño. Poco a poco.

Pedí un *leave of absence (permiso temporal)* en mi trabajo, usando mis vacaciones acumuladas, mientras veía si el negocio funcionaba. En menos de un mes ya estaba llena, y gracias a Dios pude seguir adelante.

Hay que recordar algo muy importante: cuando usted trabaja con programas de subsidio, el pago llega hasta 45 días después. Durante ese tiempo usted tiene que cubrir renta, comida, gas, luz y transportación. Por eso, si puede guardar dinero o usar horas de vacaciones, hágalo.

Pasé momentos muy difíciles al principio. A veces ponía cajas vacías en la despensa solo para aparentar que había comida. Con una pierna de pollo alimentaba a varios niños, cuidando cada porción. No fue fácil.

Por eso siempre digo: no siempre la guardería más grande o más bonita es la que tiene más niños. A veces las casas sencillas, con amor, estructura y calidad, son las que se llenan.

> *La calidad no depende del tamaño de la casa ni de muebles caros. Depende de la intención, la organización y el respeto por el desarrollo infantil. Yo lo viví: empecé con poco, pero con estándares claros. Y cuando hay calidad real, las familias lo sienten y lo recomiendan.*

Yo pienso que cada persona debe conocer su talento y su capacidad, para no perder su tiempo ni el tiempo de las familias. Para eso existe el libro de estándares que se llama Título 22. También existe el Título 5, pero nosotros, como proveedoras de Cuidado Infantil en el Hogar, trabajamos bajo el Título 22.

Las guarderías fracasan por falta de claridad

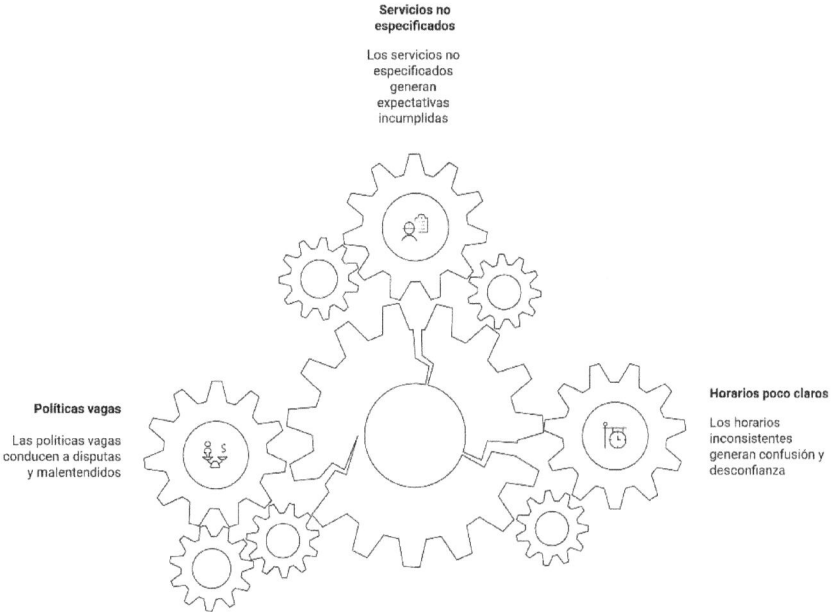

Servicios no especificados

Los servicios no especificados generan expectativas incumplidas

Políticas vagas

Las políticas vagas conducen a disputas y malentendidos

Horarios poco claros

Los horarios inconsistentes generan confusión y desconfianza

El Título 22 no existe para asustar ni para excluir, sino para ayudar a cada persona a discernir si este trabajo es realmente para ella. El cuidado infantil no es improvisación ni solo amor: es responsabilidad legal, ética y humana. Conocer el Título 22 desde el inicio evita errores costosos y protege tanto a los niños como a la proveedora.

Hay Título 22 para centros y Título 22 para hogares. No son iguales, aunque comparten muchas reglas. En los centros se requiere más espacio: aproximadamente 35 pies cuadrados por niño dentro del aula y 75 pies cuadrados por niño en el área exterior. En los hogares no se mide por pies cuadrados; ahí los bomberos y el licenciamiento evalúan el espacio, la seguridad y el entorno. Aun así, las reglas básicas son las mismas: dónde come el niño, dónde duerme, cómo va al baño y cómo se garantiza su seguridad.

"Los estándares no existen para excluir, sino para cuidar. Cuando se aplican con humanidad, elevan vidas, no solo programas."
—*Dina Gonzalez*

Cada niño debe tener una camita portátil para dormir. El padre es responsable de traer la cobija del niño. Si el niño tiene alergias, eso debe quedar escrito en el contrato y también visible en el refrigerador. Si el niño necesita una leche especial (almendra, avena, sin lactosa, etc.), el programa de comida le pedirá una carta del doctor autorizando ese cambio.

Es muy importante conocer a la familia antes de inscribirla. Yo recomiendo hacer una entrevista de al menos una hora. No es solo que los padres la entrevisten a usted; usted también debe entrevistar a la familia, porque usted va a cuidar al niño.

Este es un punto clave que muchas proveedoras no

entienden al principio. Cuando usted entrevista a la familia, deja de verse como alguien que "necesita el niño" y empieza a posicionarse como una profesional que evalúa si puede ofrecer un entorno seguro y adecuado. Esa claridad reduce conflictos, protege al niño y fortalece su autoridad desde el primer día.

Debe preguntar si el niño tiene:

• alergias

• asma

• convulsiones

• medicamentos

• tratamientos especiales

Todo eso se documenta en el contrato y en las formas del Título 22, que incluyen autorizaciones médicas, instrucciones del doctor y uso de equipos como nebulizadores. El doctor debe indicar exactamente cómo se usa el tratamiento, y usted debe seguirlo paso a paso.

Para inscribir a un niño hay aproximadamente cinco formularios obligatorios. También es esencial verificar quién está autorizado para recoger al niño. Esas personas deben estar en la lista de emergencia.

Hoy en día existen muchos casos legales delicados. Hay padres con órdenes de restricción, acuerdos de custodia o resoluciones de la corte. Usted debe pedir copias oficiales y guardarlas en el archivo del niño antes de inscribirlo.

Si trabaja con 14 niños, debe tener una maestra asistente. Esa maestra debe conocer bien la situación legal y médica de cada niño. En estos tiempos vivimos realidades familiares muy diversas: dos mamás, dos papás, familias mixtas. El Título 22 incluye formularios de derechos del padre y del niño, y esos derechos deben respetarse siempre.

En algunos casos, por seguridad, yo he tenido que contratar guardia, instalar cámaras y reforzar protocolos. Hoy en día la seguridad es fundamental. No solo por violencia doméstica, sino también por salud, pandemia y enfermedades.

Cuando un padre llega a recoger a un niño, debe presentar identificación. Yo saco copia y la guardo en el archivo. Además, siempre confirmo con la madre o el padre autorizado. Mi sistema funciona así: el padre manda un mensaje de texto o correo electrónico autorizando a la persona que recogerá al niño. Esa autorización se comparte con las maestras.

Este es su negocio. Usted decide cómo manejarlo, pero debe ser clara y firme.

Pagos y administración

Los padres privados pueden pagar semanal o mensualmente. Las agencias de subsidio pagan 45 días después. Eso significa que usted debe saber manejar 30 a 45 días sin ingreso.

Los reportes se envían antes del día 2 de cada mes y el pago suele llegar alrededor del día 19. Durante ese tiempo, usted debe pagar renta, comida, servicios y salarios.

Si contrata una maestra, debe tener:
- Workers' compensation

- pago de impuestos

- reportes trimestrales

- salario mínimo según su ciudad y estado

Existen aplicaciones como ADP u otras plataformas donde los empleados marcan entrada y salida desde el teléfono. Yo pago quincenal o cada tres semanas, según el ciclo.

Cuando se manejan muchos empleados, yo

recomiendo contratar una agencia de nómina, para evitar errores con impuestos y auditorías.

Manuales y contratos

Así como usted hace un contrato para los padres, también debe hacer un manual del empleado. Allí se explican:

- horarios

- pagos

- responsabilidades

- días feriados

- reglas del lugar

Esto protege a usted y al trabajador.
Cada estado y cada ciudad tienen salarios mínimos distintos. Usted debe verificar que cumple con las leyes laborales y los derechos humanos del trabajador.

Proceso de Inscripción de Cuidado Infantil

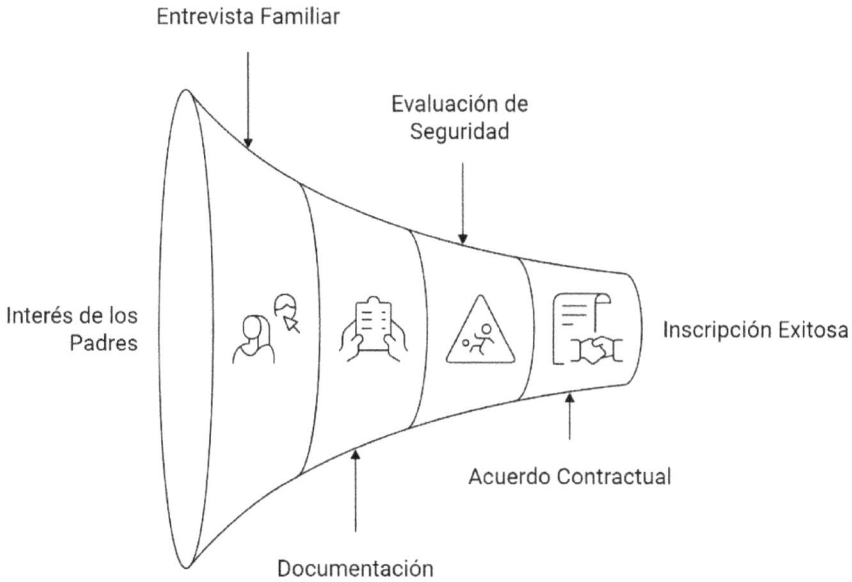

Entrevista Familiar

Evaluación de
Seguridad

Interés de los
Padres

Inscripción Exitosa

Acuerdo Contractual

Documentación

Por ejemplo, está el contrato del condado (subsidio) y también el contrato que nosotros damos a los padres. En el contrato del condado solo nos permiten diez días de subsidio al año. Esos diez días usted puede usarlos como mejor le convenga.

En cambio, el contrato del trabajador es diferente. En

California, el trabajador tiene derecho a:
* dos semanas de vacaciones,

- seis días de enfermedad,

- y diez días feriados pagados.

Por eso es importante entender bien cómo funciona cada contrato. Hay guarderías que cierran todos los días feriados y toman sus dos semanas de vacaciones aparte. Pero cuando se trabaja con subsidio del condado, cerrar demasiados días puede afectar el cheque. A veces el recorte puede ser de $80, $100 o hasta $200, dependiendo del contrato.

Por esa razón, muchas veces nos organizamos rotando a las maestras. Por ejemplo, el 4 de julio una maestra abre y el centro permanece abierto, lleguen o no lleguen niños. En Navidad cerramos ocho días y en *Thanksgiving (Día de acción de gracias)* cerramos jueves y viernes. Esos son nuestros diez días permitidos. Las maestras que desean tomar días adicionales los van rotando.

Todo esto debe hablarse antes de contratar a una persona. Cuando usted contrata a una maestra, esa persona también debe sacar huellas, recibir un ID, presentar vacunas, primeros auxilios y firmar los documentos requeridos por el Título 22.

Por eso es tan importante tener siempre el link del Título 22, porque ahí están todas las formas necesarias para hogares, centros y preescolares privados.

Uno de los entrenamientos obligatorios es el de Mandated Reporter, que enseña cómo reportar sospecha de abuso infantil. Este entrenamiento suele ser de tres horas y es obligatorio tanto para proveedoras como para maestras. Nos ayuda a identificar señales de abuso y a proteger tanto a los niños como al personal.

También existen programas de calidad, como First 5, que exigen más preparación. Algunas proveedoras y asistentes deben tener 12 unidades universitarias en desarrollo infantil, además de 21 horas de entrenamiento cada año fiscal.

Otros programas, como Head Start, requieren menos niños por adulto, pero más educación formal. Algunos piden un asociado. Todo depende del programa con el que se trabaje.

Actualmente, si la proveedora sabe hacer DRDPs (portafolios de desarrollo infantil) y demuestra calidad, puede recibir incentivos económicos adicionales. También, si la maestra que usted contrata tiene más educación, el programa paga más para que usted pueda ofrecer un mejor salario.

Existe una escala profesional: asistente de maestra, maestra asociada, maestra principal, supervisora y directora. Cada nivel tiene requisitos distintos. En California, las credenciales se renuevan cada cinco años y requieren 105 horas de educación continua.

Yo tengo credencial activa de supervisora y directora. Siempre recomiendo no dejar vencer la credencial, incluso a los 60 o 65 años, porque nunca se sabe cuándo uno puede querer volver a trabajar o abrir su guardería otra vez.

Hay programas como el Consortium (por ejemplo, en Modesto) que ayudan con huellas, aplicaciones y renovación de credenciales. Este año los requisitos están cambiando para facilitar el proceso, porque hay mucha necesidad de maestras.

Responsabilidades básicas del proveedor de cuidado infantil

La primera responsabilidad de un proveedor es garantizar la seguridad en todo momento.

 Nunca se debe dejar a los niños solos, ni siquiera por un instante. Los niños son curiosos y los accidentes pueden pasar en segundos.

La seguridad no es solo física. También es emocional. Un niño que se siente seguro, escuchado y contenido puede aprender, regularse y socializar. Por eso, el verdadero liderazgo en el cuidado infantil combina tres cosas:

estructura clara, sensibilidad emocional y consistencia diaria.

El entorno debe ser organizado, seguro y apropiado para cada edad. En un hogar puede haber infantes hasta niños de 12 años, por lo que es necesario tener áreas separadas y juguetes adecuados para cada grupo.

La planificación diaria es clave:
- horario de meriendas,

- horario de juego,

- horario de descanso (una hora o hora y media),

- actividades por la tarde.

Las actividades deben adaptarse al clima. Si hace mucho calor, frío o lluvia, los niños estarán adentro, pero aun así debe haber estructura para evitar aburrimiento, conflictos o peleas.

Es fundamental conocer bien a cada niño:
- alergias,

- asma,

- tipo de leche,

- restricciones alimenticias (carne, nueces, colores artificiales).

Se debe tener una lista visible, por ejemplo en el refrigerador, con el nombre del niño y sus alergias, para que cualquier asistente esté informada.

En casos de alergias severas, algunos niños usan EpiPen, una inyección que evita que se cierre la garganta. La proveedora debe saber cómo usarla y llamar de inmediato a emergencias y a los padres.

Es muy importante prevenir riesgos y tener siempre visible la información crítica, ya sea en el refrigerador o en el área donde se alimenta a los niños. La prevención es clave en el cuidado infantil.

También es fundamental invertir en la socialización, el estado emocional, el desarrollo colectivo y los motores finos.

¿Por qué? Porque cada niño tiene una edad y un nivel de desarrollo diferente.

Por ejemplo, a un infante no se le enseñan motores finos de la misma manera que a un niño mayor. Sin embargo, sí existen formas seguras y apropiadas para su edad: agarrar objetos grandes, manipular texturas, mover piezas suaves. Nunca se deben usar objetos pequeños como legos con infantes, porque representan un riesgo de *asfixia (choking hazard)*.

Desarrollo emocional y autorregulación

El estado emocional del niño es tan importante como su desarrollo académico. Cuando un niño presenta comportamientos físicos, agresivos o dificultades emocionales, es esencial contar con un espacio de autorregulación.

Lograr la Excelencia en el Cuidado Infantil

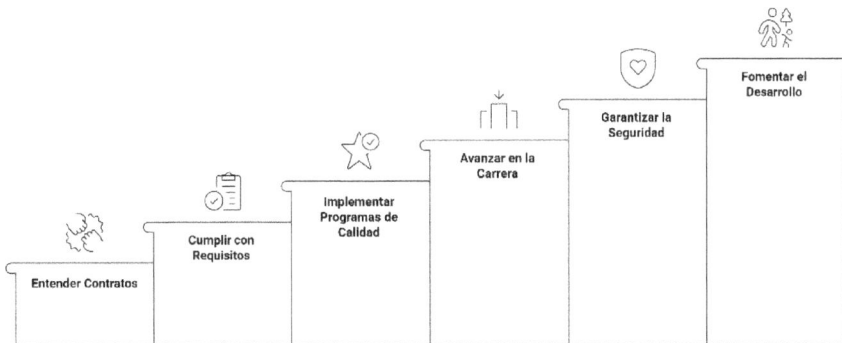

Entender Contratos

Cumplir con Requisitos

Implementar Programas de Calidad

Avanzar en la Carrera

Garantizar la Seguridad

Fomentar el Desarrollo

Este espacio puede ser una esquina tranquila con:
- libros,

- almohadas,

- objetos suaves,

- materiales sensoriales.

Muchas veces se recurre a la tableta o a dispositivos electrónicos para "calmar" al niño, pero eso no le enseña a regular sus emociones. En cambio, cuando el niño aprende a reconocer su emoción y a usar ese espacio, con el tiempo él mismo buscará ese lugar cuando se sienta sobre estimulado, enojado o triste.

Este rincón ayuda especialmente a niños que viven situaciones difíciles en casa o que se sienten emocionalmente sobrecargados. Es una herramienta poderosa para el desarrollo emocional saludable.

Comunicación efectiva con las familias

La comunicación es clave. Muchas proveedoras usan un tablero visible en la entrada donde colocan:

- el horario del día,

- el menú,

- las actividades.

Esto permite que los padres estén informados y conectados con el ambiente del centro. Al final del día, es importante comunicar cómo fue el comportamiento del niño y en qué áreas necesita apoyo, para que los padres continúen el trabajo en casa.
Limpieza y mantenimiento diario

Al finalizar el día, es indispensable desinfectar:

- áreas de juego,

- áreas de comida,

- baños,

- espacios interiores y exteriores.

Cada mañana debe repetirse un ritual de revisión: verificar salud, seguridad y limpieza antes de recibir a los niños. Esto reduce enfermedades y la propagación de virus.

Existen desinfectantes orgánicos y otros aprobados para *daycare (guardería)*. Lo importante es mantener un entorno limpio y seguro.

Organización de documentos y emergencias

Toda proveedora debe tener folders organizados con la información de cada niño:

- contactos de emergencia,

- clínica u hospital,

- consentimiento médico,

- alergias,

- autorizaciones.

En caso de una emergencia, esta información debe estar accesible. Aunque es raro, en más de 30 años puede pasar una o dos veces. La preparación lo es todo.

Además, el licenciamiento visita al menos una vez al año. Tener los documentos del Título 22 organizados protege a la proveedora ante inspecciones o quejas.

Todos los reportes de accidentes deben documentarse, aunque sea un rasguño pequeño, y entregarse copia a los padres. La transparencia fortalece la confianza.

Crecimiento profesional del proveedor

Para crecer como proveedora es obligatorio completar al menos 21 horas anuales de entrenamiento.

Estos entrenamientos incluyen:

- análisis de desarrollo infantil,

- DRDP,

- QS,

- evaluación de *milestones (hitos)*.

- QRIS

- IEP

- IEPs

Esto permite crear un ambiente de calidad, amor, confianza y apoyo para las familias.
Liderazgo educativo: el rol del director

"Dirigir no es mandar; es sostener.
Un buen liderazgo se siente en la
calma del niño, no en el miedo del
empleado."
—Dina Gonzalez

El tema central aquí es el liderazgo educativo. El

director —o coordinador— debe saber planificar y combinar estrategias.

Un buen director empieza apoyando a sus maestras, porque ellas reflejan el liderazgo del programa. No siempre se puede complacer a todas, pero se debe hacer el mejor esfuerzo.

Las reuniones mensuales son clave para dialogar:

- qué necesita la maestra,

- qué desafíos enfrenta en el aula,

- cómo manejar comportamientos,

- cómo comunicarse con los padres.

El director también debe tener una oficina organizada, porque allí se manejan:

- horarios,

- salarios,

- contratos,

- recursos humanos.

Dependiendo del programa (Título 5 o Título 22), la estructura cambia:

- director,

- asistente de director,

- head teacher,

- maestras y asistentes.

El director cumple múltiples roles: liderazgo, recursos humanos, apoyo familiar y supervisión educativa. La organización es la base del éxito.

La organización no es solo administrativa, es emocional. Un director desorganizado transmite caos; un director claro transmite seguridad. Los niños, las maestras y las familias sienten cuando hay liderazgo estable. Por eso, dirigir no es mandar: es sostener un sistema donde todos saben qué hacer y se sienten respetados.

Contratos y políticas

Los contratos para padres pueden tener entre 7 y 27 páginas, dependiendo del centro. Deben incluir:

- alergias,

- accidentes,

- mordidas,

- emergencias,

- protocolos de salud.

Por ejemplo, cuando ocurre una mordida:
se documenta con reporte,

- se toma foto,

- se notifica a los padres,

- se recomienda revisión médica si es necesario.

Todo debe estar escrito y firmado. Así se evita el "nadie me dijo".

Las políticas no existen para castigar, existen para proteger. Protegen al niño, a la familia, a la maestra y al centro. Cuando todo está documentado, se reducen conflictos, se evitan malentendidos y se fortalece la confianza. La claridad siempre es un acto de amor profesional.

Ciclo de Mejora Continua en el Cuidado Infantil

Crear un Espacio
Tranquilo

Comunicación
Efectiva

Contratos y Políticas

Limpieza y
Mantenimiento

Liderazgo Educativo

Crecimiento
Profesional

Organización de
Documentos

También se debe tener un manual del empleado, con:

- descripción del puesto,

- responsabilidades,

- reglas claras.

La maestra principal es responsable de:

- lesson plans,

- currículo semanal,

- actividades,

- evaluaciones infantiles.

Roles, jerarquía y políticas claras en un centro educativo

El ayudante tiene una función muy específica:
apoya al maestro en las áreas donde se le necesita, ayuda con la limpieza, el orden y la observación del ambiente.

Por eso es indispensable que cada persona conozca su rol.

Para lograrlo, es necesario establecer políticas claras para todos:
- reglas para el maestro,

- reglas para el ayudante,

- reglas para el director,

- reglas para los padres.

Como directores también necesitamos reglas. No podemos brincar jerarquías, humillar, ni desautorizar a nadie. El trabajo debe ser educado, profesional y efectivo, manteniendo una relación sana entre director – maestro – familia. Ese es el verdadero trabajo en equipo.

Regulaciones y estructura de un centro educativo

Las regulaciones de un centro son similares a las de un hogar, pero con una diferencia importante:
 en el centro se trabaja con grupos grandes, por lo tanto el estado emocional del niño requiere espacios más amplios y estructurados para autorregularse.

Requisitos de espacio (California)

- Interior: 35 pies cuadrados por niño

- Exterior: 75 pies cuadrados por niño

Ejemplo:
 Si el centro atiende 28 niños, se deben multiplicar:

- 28×35 = espacio interior requerido

- 28×75 = espacio exterior requerido

Por eso es fundamental tener:

- un sketch o plano del centro,

- áreas definidas,

- control de cuántos niños pueden estar en cada espacio,

- número adecuado de maestras por grupo.

Esto es totalmente diferente a un hogar, porque hablamos de un centro preescolar profesional, con maestras certificadas y grupos grandes.

Menú, horario y planificación educativa

El estado exige que el menú esté visible por 30 días y se actualice semanalmente.

También se debe seguir un horario estructurado, porque el niño aprende mejor con rutinas claras. **Además, todo centro debe contar con:**

- lesson plans,

- curriculum,

- planificación basada en las necesidades reales de los niños.

Ejemplo de planificación
Si trabajamos la letra A durante la semana:

- hablamos de apple, animals, air,

- pintamos la letra A,

- usamos plastilina,

- buscamos objetos que empiecen con A,

- expandimos el aprendizaje desde diferentes áreas.

Este enfoque permite profundizar, no solo memorizar.

Currículo educativo
Cada centro puede elegir su currículo:
- Montessori

- Creative Curriculum

- otros enfoques educativos

En nuestro caso, trabajamos con Creative Curriculum, un currículo flexible, expansivo y centrado en el niño, que he usado por más de 28 años con excelentes resultados.

Este currículo permite:

- adaptarse al estado emocional del niño,

- respetar ritmos de aprendizaje,

- integrar arte, lenguaje, ciencia y juego.

Por esa razón, muchos programas están regresando a este enfoque, ya que otros currículos más rígidos no siempre responden a las necesidades reales de los niños.

Evaluación y apoyo individual
Ningún niño debe quedarse atrás.
Si un niño presenta dificultades:

- no basta con decir "necesita ayuda",

- la pregunta clave es: ¿qué está haciendo la maestra para ayudarlo?

El director debe:

- supervisar,

- orientar a las maestras,

- apoyar estrategias,

- asegurarse de que cada niño reciba apoyo individual.

En grupos grandes (por ejemplo, 28 niños), esto requiere organización, observación y trabajo en equipo.

Programas de calidad y apoyo externo

En California existen programas como Quality Counts (en otros estados se llaman Stars u otros nombres).

Estos programas envían *coaches (capacitadores)* que ayudan a:

- mejorar la práctica educativa,

- fortalecer a las maestras,

- elevar la calidad del centro.

Durante tres años trabajé como coach, ayudando a escuelas y maestras a mejorar sus ambientes y estrategias.

Trabajo con familias y comunidad
El director o coordinador debe:

- conocer el nivel del niño,

- entender la situación familiar,

- conectar a los padres con recursos comunitarios cuando sea necesario.

Esto incluye:

1. evaluaciones enviadas a casa,

2. talleres para padres,

3. invitarlos como voluntarios,

4. mantener comunicación constante.

Cada mes es importante realizar eventos familiares, porque fortalecen el vínculo escuela–familia y ayudan a preservar la cultura y las raíces.

Celebramos:

- culturas (5 de mayo, Juneteenth, etc.),

- festividades nacionales,

- diversidad étnica y cultural.

Esto enseña a los niños respeto, identidad y diversidad, y también permite que los padres se sientan bienvenidos y valorados.

Evaluaciones y límites profesionales

Si un niño presenta dificultades de aprendizaje, lenguaje o comportamiento:

- se puede recomendar una evaluación (IEP),

- se trabaja con el condado y especialistas.

Pero es muy importante aclarar:
Los educadores NO diagnosticamos.
Aunque tengamos mucha experiencia, no somos doctores.

Nuestro rol es:
- observar,

- documentar,

- comunicar con respeto,

- guiar a la familia hacia los recursos adecuados.

- Diagnosticar no nos corresponde legal ni éticamente.

El liderazgo educativo responsable no etiqueta ni señala; observa, documenta y acompaña. Cuando un niño necesita apoyo, el objetivo no es ponerle un nombre al problema, sino abrir caminos de ayuda. Ese respeto a los límites profesionales protege al niño y dignifica nuestra labor como educadores.

Función del liderazgo educativo

El liderazgo implica:
- desarrollar programas efectivos,

- coordinar con agencias externas,

- mantener comunicación clara,

- resolver conflictos internos,

- apoyar a maestras y familias.

Un buen liderazgo no controla, acompaña.
No impone, educa.

No humilla, construye.

El liderazgo educativo verdadero no se impone desde la autoridad, se gana desde la coherencia. Cuando un director acompaña con respeto, ese modelo se replica en las maestras, y ese trato llega hasta los niños y sus hogares. La escuela no puede pedir paz emocional si no la practica internamente.

Herramientas para los padres.

La educación comienza en el hogar.

Padres y madres, recuerden algo fundamental:
la educación empieza en casa.
Su hogar es su trono, su zona de seguridad, su espacio de refugio emocional.
Cuando el hogar no tiene paz, cuando no hay seguridad emocional, el niño lo va a reflejar en la escuela. Eso es una realidad comprobada.
No porque el niño sea "malcriado" o "problemático", sino porque el niño está pidiendo ayuda.

Después de más de 28 años trabajando con familias y niños, puedo decirlo con certeza:

cuando hay conflictos, violencia, gritos, humillaciones o tensión en el hogar, los niños lo expresan con su conducta.
Los niños no dicen:

- "Estoy deprimido"

- "Estoy ansioso"

- "Estoy cargando dolor emocional"

Los niños actúan.

Si un niño llega y rompe los juguetes de otro, no es maldad:
es coraje acumulado, es dolor no expresado, es una forma de decir "mírenme, necesito ayuda".

La neurociencia infantil confirma que los niños pequeños aún no tienen las palabras ni la madurez neurológica para explicar lo que sienten. Su conducta es su lenguaje. Cuando un adulto aprende a leer ese lenguaje con empatía, deja de castigar síntomas y empieza a sanar causas.

El éxito educativo se basa en cimientos profundos.

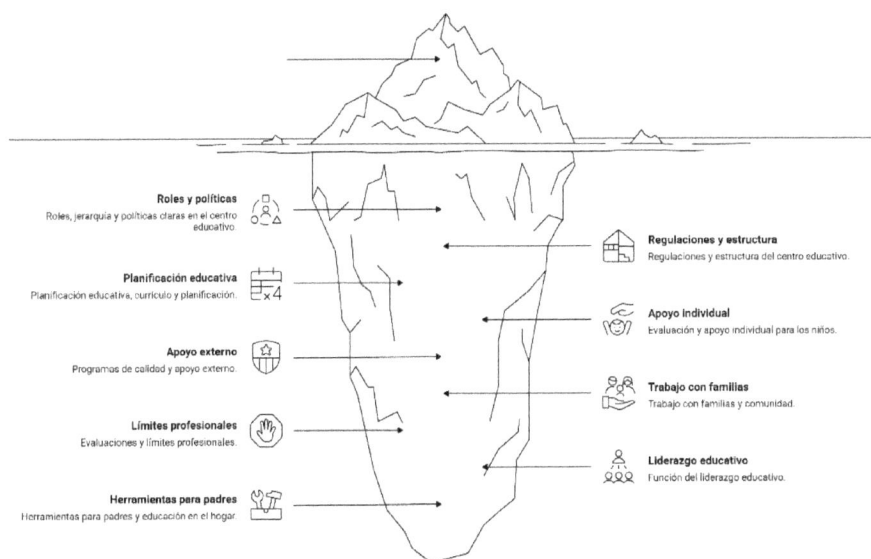

Roles y políticas
Roles, jerarquía y políticas claras en el centro educativo.

Planificación educativa
Planificación educativa, currículo y planificación.

Apoyo externo
Programas de calidad y apoyo externo.

Límites profesionales
Evaluaciones y límites profesionales.

Herramientas para padres
Herramientas para padres y educación en el hogar.

Regulaciones y estructura
Regulaciones y estructura del centro educativo.

Apoyo individual
Evaluación y apoyo individual para los niños.

Trabajo con familias
Trabajo con familias y comunidad.

Liderazgo educativo
Función del liderazgo educativo.

El hogar como base de la vida.

Piénselo así:
si usted trabaja 10 o 12 horas y llega a casa esperando descanso, pero encuentra gritos, maltrato o humillación…
¿podrá rendir bien al día siguiente?

Lo mismo ocurre con un niño.

Por eso es tan importante que el hogar tenga:

- estructura

- orden

- rutinas

- respeto

- cariño

No se necesita una casa grande ni lujos.
Se necesita intención, amor y ejemplo.

Enséñele a su hijo:

- a recoger sus juguetes,

- a arreglar su cama,

- a participar según su edad,

- a entender que el hogar es un espacio
  compartido.

Eso construye disciplina emocional, no castigo.
La base que usted forma en casa es la que permitirá
que su hijo, el día de mañana, pueda ser:

- médico,

- abogado,

- bombero,

- maestro,

o simplemente un adulto sano emocionalmente.
Rutinas simples que cambian vidas
Algo tan sencillo como cómo despertamos a nuestros
hijos en la mañana hace una gran diferencia.

No es lo mismo decir:
   "¡Levántate! ¡Apúrate! ¡Siempre tarde!"
Que decir:
   "Buenos días, amor. Hoy será un buen día."

Aunque usted esté cansado, aunque su mundo se esté
cayendo por dentro, su hijo no tiene la culpa de sus
batallas.
El niño sale de casa cargando lo que usted le entregó
emocionalmente esa mañana.

Por eso recomiendo:

- saludar con cariño,

- asegurar que el niño coma antes de salir,

- preparar su lonche con intención,

- despedirse con amor.

No cuesta dinero.
Cuesta conciencia.

Pequeños gestos, grandes impactos.
Un jueguito, una merienda, una galleta, un abrazo, una hora en el parque…
Eso para un niño lo es todo.

Yo pasé por violencia doméstica.
Viví en espacios pequeños, con pocos recursos, pero jamás reflejé mis problemas en mis hijos.

Los llevaba al parque.
Les llevaba un snack.
Les regalaba una hora de risa.

Hoy ellos me dicen que nunca sintieron mi dolor, porque yo los protegí emocionalmente.
Eso es paternidad consciente.

El rol de los padres en la escuela

Ser padre no es solo dejar al niño en la escuela.
Es:

- asistir a conferencias,

- ir a los *open house (apertura de escuela),*

- revisar reportes de progreso,

- escuchar a los educadores.

Y algo muy importante:
 no ponerse a la defensiva cuando un maestro le dice que su hijo necesita apoyo.

Recuerde:
 su hijo es como una plantita.
 Si la cuida con amor, dará fruto.
 Si la ignora o la hiere, crecerá torcida.

Muchos adolescentes en problemas hoy fueron niños heridos ayer.

Pregúnteles por su infancia y encontrará la raíz.

El hilo emocional entre padres e hijos

Existe un hilo invisible, pero poderosísimo, entre usted y su hijo.
Ese hilo:

- no lo rompe un maestro,

- no lo rompe un juez,

- no lo rompe un sistema,

- no lo rompe el *foster care.* *(cuidado de crianza, temporal)*

Ese hilo es único.
Usted como padre o madre es irreemplazable.
Aunque su hijo esté en el sistema, aunque haya errores, aunque haya distancia, ese vínculo sigue existiendo.

Por eso nunca es tarde para:

- pedir ayuda,

- buscar terapia,

- entrar en rehabilitación,

- sanar heridas.

Pedir ayuda no lo hace débil.
Lo hace valiente.

Sanar para no repetir

Si hay adicciones, violencia, traumas, depresión, pida ayuda.

Existen:

- terapias familiares,

- consejería,

- programas de rehabilitación,

- apoyo comunitario.

Hacerlo por sus hijos es el acto de amor más grande.
Porque si usted no sana, la herida se transmite.
Pero si usted sana, la cadena se rompe.

> *Mi historia no es única. Es el reflejo de miles de niñas y niños que llegan a la escuela cargando lo que el sistema no supo sostener a tiempo. Por eso, cuando hablamos de estándares, no hablamos de burocracia: hablamos de prevención, dignidad y oportunidades reales. Invertir en la primera infancia es una de las decisiones más poderosas que una sociedad puede tomar.*

Mensaje final a los padres

Usted trajo un hijo al mundo no solo para alimentarlo,
vestirlo o educarlo académicamente,
sino para enseñarle habilidades emocionales,
para darle seguridad,
para amarlo conscientemente.
Nadie será mejor protector de su hijo que usted.

El hogar es la primera escuela.
Y usted es su primer maestro.

"El hogar es la primera escuela y los padres son los primeros maestros emocionales. Lo que se enseña con amor se queda para siempre."
—Dina Gonzalez

Thank you for choosing to read this book.

We hope you enjoyed it thoroughly and put it to action for the benefit of our greater community.

Would you like Dina Gonzalez train your team? Dina delivers; professional development, keynotes, group facilitation, coaching, and more tailored programs.

Dina is available for bookings via our agency: Leadership Messengers™

We look forward to working with you.
CONTACT US:

Agency line: (707) 470-3747

LeadershipMessengers.com

(espacio libre para notas personales)

(espacio libre para notas personales)

www.ingramcontent.com/pod-product-compliance
Lightning Source LLC
Chambersburg PA
CBHW070041100426
42740CB00013B/2757